本书系国家自然科学基金青年项目"标尺竞争下居民基本医疗保险筹资行为机理、传导机制与优化路径研究"（71904094）的研究成果

李 涛 著

居民基本医疗保险筹资与商业健康保险发展

基于标尺竞争的视角

经济管理出版社
ECONOMY & MANAGEMENT PUBLISHING HOUSE

图书在版编目（CIP）数据

居民基本医疗保险筹资与商业健康保险发展：基于标尺竞争的视角/李涛著 . —北京：经济管理出版社，2022.10

ISBN 978 – 7 – 5096 – 8791 – 8

Ⅰ.①居… Ⅱ.①李… Ⅲ.①基本医疗保险—研究—中国 ②商业保险—健康保险—研究—中国 Ⅳ.①F842.613 ②F842.625

中国版本图书馆 CIP 数据核字（2022）第 194276 号

组稿编辑：申桂萍
责任编辑：申桂萍　张　艺
责任印制：黄章平
责任校对：陈　颖

出版发行：经济管理出版社
　　　　　（北京市海淀区北蜂窝 8 号中雅大厦 A 座 11 层　100038）
网　　　址：www. E – mp. com. cn
电　　　话：（010）51915602
印　　　刷：唐山玺诚印务有限公司
经　　　销：新华书店
开　　　本：720mm×1000mm/16
印　　　张：11.25
字　　　数：147 千字
版　　　次：2022 年 10 月第 1 版　　2022 年 10 月第 1 次印刷
书　　　号：ISBN 978 – 7 – 5096 – 8791 – 8
定　　　价：58.00 元

前　言

众所周知，商业健康保险是医疗保障筹资体系的重要组成部分，是社会医疗保险的重要补充形式。我国商业健康保险业务虽然起步较晚，但随着商业健康保险机构在社会民生领域参与度的提升，如经办城乡居民基本医疗保险和大病医疗保险，以及国家对商业保险在保障社会民生中的重视程度提高，体现在先后出台了《关于加快发展商业健康保险的若干意见》《关于加快发展现代保险服务业的若干意见》以及《关于将商业健康保险个人所得税试点政策推广到全国范围实施的通知》等指导意见，商业健康保险在医疗保障筹资体系中的筹资责任也在不断地扩展。2017 年，我国商业健康保险原保费收入达到4389.5 亿元，同比 2011 年增长了 6.35 倍。

在当前财政分权体制下，地方政府既是独立的经济个体又是中央政府在各辖区的委托代理人。在经济资源竞争和地方官员晋升竞争的共同作用下，地方政府的财政决策往往会依据中央政府的财政政策而定，以至于偏离辖区所能承受的范围，因此地方政府间出现财政支出竞争。近几年来，中央政府加大了对城乡居民基本医疗保险的政策扶持，如城乡居民大病医疗保险的全面推开，城乡居民基本医疗保险的统筹安排和有序推进，地方政府的城镇居民基本医疗保险筹资也在快速上涨，2015 年城镇居民医疗保险人均筹资 515 元，与 2011 年的 242 元相比增长了 2.13 倍。在这一过程中，我们不能排除地方政府在中央医疗保险政策的导向下，为了财政资源竞争和官员晋升而进行医疗保险筹资竞争的可能，这加大了城乡居民基本医疗保险筹资的财政压力。同时，地方政府在当前的财政分权体制下的税收竞争的复杂性，也加大了城镇居民基本医疗保险筹资的财政压力。因此，要想实现社会医疗保险筹资与商业健康保险的有效衔接，需将地方政府间的财政竞争因素考虑在内。

本书主要研究了在地方政府财政竞争视角下，社会医疗保险筹资对商业健康保险的影响，主要涉及居民医疗保险筹资竞争与商业健康保险的关系、税收竞争下居民医疗保险筹资对商业健康保险的影响以及财政竞争下商业健康保险税收优惠的帕累托改进这三个方面。本书的主要内容共包含八个章节：第一章是绪论部分，重点对选题背景及意义，核心概念界定，研究内容、思路与方法进行介绍。第二章是相关文献综述，重点对国内外相关文献进行梳理和阐述。第三章是相关理论概述，重点对相关的概念界定和理论进行总结。第四章主要探讨财政分权下地方政府的财政竞争对居民医疗保险筹资的影响。在该部分，首先介绍了中国财政分权体制的发展历程，其次阐述了中国地方政府财政竞争的成因以及中国财政分权下地方政府财政竞争的变迁，之后对地方政府间的居民医疗保险筹资竞争的表象和存在性进行了描述和检验，最后构建了地方政府税收竞争与居民医疗保险筹资竞争的关系模型，并检验了考虑地方政府税收竞争情况下地方政府的居民医疗保险筹资竞争的表现。第五章主要讨论地方政府居民医疗保险筹资竞争对商业健康保险发展的影响，构建了经济理论模型，并对该模型进行了实证分析，同时还对城乡居民医保的全面统筹进行了拟合分析。第六章是在考虑地方政府税收竞争的情况下，研究地方政府的居民医疗保险筹资与商业健康保险发展之间的关系，同样建立了经济理论模型并进行了实证分析，对"营改增"政策进行了拟合分析。第七章主要探讨了在考虑地方政府社会医疗保险财政竞争的情况下，商业健康保险税收优惠政策的帕累托改进方案，并做了商业健康保险最优补贴冲击的模拟分析。第八章是政策建议与展望。

本书的主要结论是：地方政府间的居民医疗保险筹资竞争，导致各地区居民医疗保险筹资过快，会在一定程度上挤出商业健康保险发展的空间。而当地方政府居民医疗保险筹资竞争与税收竞争共同存在时，一方面，地方政府间的税收竞争在降低地区的实际税负的同时，还会使居民医疗保险筹资的财力下降，当存在地方政府居民医疗竞争时，更能凸显商业健康保险在医疗保障体系中的补充地位，并且在当前地方政府以财政支出竞争为主的情况下，会倒逼地方政府进行税收竞争，从而进一步加大居民医疗保险的筹资压力，进而提升了商业健康保险的补充地位；另一方面，地方政府间的税收竞争在使居民医疗保险筹资财力降低的同时，由于各地区的财政资源禀赋的差异，可能会弱化地方政府居民医疗保险竞争的态势。总体来看，实证的结果表明，在考虑地方政府间税收竞争的情况下，居民医疗保险筹资水平的增长给商业健康保险带来的挤入效应要大于挤出效应。但是，城乡居民统筹和"营改增"等财税政策的实施，会在一定程度上加大地方政府间的财政竞争对商业健康保险的挤出效应。在考虑财政竞争的商业健康保险税收优惠的模拟分析表明，考虑财政竞争的税收补贴能够提高社会健康福利的整体状况。

因此，要推进居民医疗保险与商业健康保险的有效衔接，如合理划分商业健康保险和城乡居民医疗保险的边界，建立地区间居民医疗保险的协同合作机制并逐步建立与区域经济发展相同步的居民医疗保险筹资机制，建立商业健康保险的动态监管和补贴调整机制，并且对未来个人所得税起征点和专项扣除提出建议。

目　录

第一章 绪论

第一节 选题背景及意义

一、选题背景

西方财政分权理论中，财政分权赋予了地方政府一定的经济职能，即发展本地经济和改善本地公共服务。地方政府作为相对独立的经济主体，为了吸引资本和人口等生产要素，会竞相降低本辖区的实际税负并增加公共服务供给，从而出现地方政府间的税收竞争和财政支出竞争。改革开放以来，我国的财政分权体制经历了由包干制的简单下放财权阶段到分税制的规范发展阶段。我国的财政分权体制呈现出经济分权和政治集权的综合特征，一方面中央政府赋予地方政府一定的事权和财权，另一方面地方政府官员的任命权又由中央政府决定。因此，地方政府在现行财政分权体制下，为了试图获得中央政府在经济和政治上的更多认可，可能会做出迎合中央政府财政政策的决策。诚然，地方政府间适度的财政竞争，有助于整个国家经济的发展和人民福利水平的提高，而过度的财政竞争不但不会给人民带来福祉，反倒会导致经济资源的浪费，如在过去以投资拉动经济增长和以 GDP 为考核目标时期，地方政府间的财政竞争造成的基础设施的重复建设。

众所周知，社会医疗保险与商业健康保险，是我国多层次医疗保障筹资体系的重要组成部分。我国社会医疗保险涵盖了城镇职工基本医疗保险和城乡居民基本医疗保险，用于保证人们对医疗保险的基本需求。商业健康保险在医疗保障体系中始终扮演着补充基本医疗保险的角色，满足人们除了基本需求以外更高的医疗保障需求。社会医疗保险和商业健康保险的有效衔接，能够保证医疗保障体系公平而有效率地运行。自 2009 年新医改以来，城乡居民医疗保险政策的不断出新，如城乡居民大病医疗保险和城乡居民基本医疗保险的全面统筹，同时商业保险机构也参与到城乡居民基本医疗保险和大病医疗保险的经办活动中，使社会医疗保险与商业健康保险的关系也变得更加紧密。

从筹资主体来看，城乡居民医疗保险筹资水平与政府的财政补贴关系较大，其中地方政府的财政补贴占筹资相当大的比例。在当前的财政分权体制下，地方政府为了得到中央政府财政和政治上的支持，在面对不断出台的居民医疗保险政策时，不断提高对居民医疗保险的筹资水平，因此出现了地方政府间的居民医疗保险筹资竞争行为，加剧了居民医疗保险的筹资压力。反观地方政府间的税收竞争，在降低地区实际税负的同时，在一定程度上会减少地方政府的财政收入，并且税收竞争给地区带来的资本边际收益在不断递减，这些在某种程度上都会加剧居民医疗保险的筹资压力。此外，由于中央政府将地区民生福利水平作为考核地方政府官员的重要指标，因此地方政府就民生领域包括居民医疗保险出现的高支出竞争，也会反过来倒逼地方政府进行新一轮的税收竞争，继续对居民医疗保险的筹资施加压力。因此本书基于当前财政分权体制下，地方政府财政竞争对居民医疗保险筹资压力的影响，重新探讨社会医疗保险筹资与商业健康保险的关系。

二、选题意义

本书基于中国式财政分权视角，在地方政府间财政竞争的背景下，探讨社会医疗保险筹资与商业健康保险之间的关系，具有一定的理论意义和现实意义。

（一）理论意义

第一，有助于更好地理解地方政府财政竞争与社会医疗保险筹资竞争的关系。一方面，将地方政府对邻近地区社会医疗保险筹资的理性预期，纳入地方政府的支出模型中，推导出地方政府社会医疗保险筹资竞争的理论模型；另一方面，将地方政府对邻近地区社会医疗保险筹资的理性预期，纳入地方政府间的税收竞争模型中，推导出不同情况下的地方政府间的税收竞争与社会医疗保险筹资竞争的关系。

第二，为地方政府在财政竞争下的社会医疗保险与商业健康保险的关系提供理论支撑。一方面，基于地方政府在为了获得更多中央政府转移支付资源而竞争的情况下，构建社会医疗保险筹资与商业健康保险均衡路径模型；另一方面，基于地方政府间的税收竞争与社会医疗保险筹资竞争并存的情况，构建社会医疗保险与商业健康保险的关系模型。

第三，为地方政府在社会医疗保险筹资竞争下社会医疗保险与商业健康保险更好地衔接提供理论基础。一方面，基于政府关于福利支出与居民消费的理论模型，构建社会医疗保险筹资与商业健康保险消费的理论模型，并推导出地方政府在社会医疗保险筹资竞争下，商业健康保险最优补贴理论；另一方面，构建关于政府社会医疗保险筹资压力与居民商业健康保险消费的一般均衡分析框架。

（二）现实意义

第一，为地方政府的居民医疗保险筹资政策的制定提供一定的技术支持。主要通过对居民医疗保险筹资空间的 Moran's I 检验，测算地方政府间的居民医疗保险筹资竞争对居民医疗保险筹资能力的影响程度，在今后对地方政府制定居民医疗保险筹资政策时，有必要将地方政府间的居民医疗保险筹资竞争作为重点考虑因素之一，以避免不必要的医疗资源浪费。

第二，为地方政府在财政竞争下的居民医疗保险与商业健康保险的关系研究提供一定的实证依据。一方面，通过关于对地方政府间的居民医疗保险筹资竞争与商业健康保险的空间计量分析，衡量地方政府间的居民医疗保险筹资竞争给商业健康保险带来的影响；另一方面，将地方政府间的税收竞争纳入之前的空间计量分析中，考察地方政府间的居民医疗保险筹资竞争与税收竞争并存时，商业健康保险受到的影响。

第三，为地方政府间的居民医疗保险筹资竞争下的居民医疗保险与商业健康保险的有效衔接提供一定的现实依据。在构建能够刻画现实的动态随机一般均衡（DSGE）的框架下，计算地方政府居民医疗保险筹资竞争下的商业健康保险的最优补贴，并模拟最优补贴对地方政府居民医疗保险的财政压力和居民商业健康保险消费的冲击。

第二节　核心概念界定

一、财政分权

财政分权是指在各级政府明确了职责范围和职能分配的基础上，中央政府为了促进地方政府积极参与辖区的经济发展和公共服务供给等经济活动，给予地方政府相关的支出责任，而地方政府在已确定的事权范围内，对于相关的财政支出规模和支出结构拥有一定的自主性。同时，财政分权也是中央政府能够有效处理地方政府之间财政关系的管理体制。财政分权的定义隐含了三层意思，即各级政府明确事权和财权，各级政府的职能不同决定分工不同，地方政府行为需要制度激励。

二、地方政府

在存在多级政府的国家中，地方政府是分级管理体制的重要组成部分，如地方政府与联邦政府和州政府构成了美国的联邦体制，而中国的地方政府体系构成较为复杂，涵盖了省、市、县、乡等，如果将村一级的政府算在内则有五级的政府层级。地方政府的界定主要强调地方性和层级制，可以直观地理解为隶属于中央政府的所有下级政府的总称，也可以理解为最贴近基层群众的政府单位。从政府的职能属性来看，地方政府的主要职责是发展辖区经济和改善辖区民生，地方政府虽然拥有独立的经济职能，但是权力相对有限。本书所涉及的地方政府主要是省、直辖市和自治区。

三、地方政府财政竞争

在界定地方政府财政竞争之前，首先要了解地方政府竞争的概念，地方政府竞争是由地方政府组成的政府间竞争的形式，是地方经济体之间围绕生产要素、本地产品的市场份额和区域性产品的品牌效应而展开的竞争（冯兴元，2010）。

地方政府财政竞争是地方政府在财政方面竞争的表现，按财政收入和支出可以划分为地方政府间的税收竞争和财政支出竞争（王娜和尚铁力，2017）。

财政分权赋予了地方政府独立的经济职能，而地方政府为了实现辖区财政收入的快速增长会采取一些竞争手段，如税收竞争和支出竞争。政府间的税收竞争可以划分为政府间的纵向税收竞争和横向税收竞争。政府间的纵向税收竞争一般出现于存在隶属关系的政府之间，是针对税收收入分配进行的竞争；政府间的横向竞争发生在处于同等层级的政府之间，简单来说，税收无论对于企业还是个人都是一种负担，某一地区的税率降低，会吸引企业资本和人口要素流入该辖区。相反，提高税率则会促使企业资本和人口要素流出该辖区，因此各辖区为了吸引资本和人口要素的流入，低税负可能成为各辖区政府竞相选择的策略。但是，低税负会减少各辖区的财政收入，这在一定程度上给公共服务的供给带来负面影响，从而降低对企业和个人选择流入的吸引力。财政支出竞争主要表现在政府间的横向支出竞争，地方政府为吸引生产要素的流入，会加大对基础设施和公共服务的投入。如果各地区采取趋同的政策，那么就会出现地方政府间的财政支出竞争。

通过地方政府间财政竞争概念的界定，可以大概了解到地方政府间财政竞争的形成所需要的基本条件是：第一，财政分权是政府间进行财政竞争的首要前提条件，想象一下在一个经济制度高度集权的国家里，地方政府经济发展规划和公共服务提供完全取决于中央政府的相关决策，地方政府与中央政府基本上不存在博弈的可能，并且地方政府完全没有自主性，因此财政分权赋予了地方政府独立的经济职能，使其能够拥有进行税收竞争的制度平台；第二，资本要素是流动的税基，但是资本要素如果不能自由流动，也就不会成为地方政府间财政竞争的目标，只会成为某一个地区的禀赋资源，因此资本要素的自由流动为地方政府间的财政竞争提供了机会；第三，居民的同质性，地方政府间财政竞争隐含的条件是地区之间居民的公共偏好是相同的，如果考虑每个辖区居民都存在特殊的公共偏好，那么地方政府间的财政竞争分析会变得更为复杂或难以实现。

四、社会医疗保险与商业健康保险

综观世界各国的医疗保障筹资体系，社会医疗保险与商业健康保险均在其中扮演着重要角色。社会医疗保险制度是指依法向制度参与主体如个人、企业和政府收取一定比例的社会医疗保险费，以备未来可能发生的疾病预防和医疗服务的制度设计。由于中国商业健康保险发展处于起步阶段，通常将健康保险视作商业健康保险的广义概念，即人们以自身健康为标的进行投保，在发生疾病和意外伤害时补偿其所产生的费用或损失的保险。

第三节　研究内容、思路与方法

一、研究内容

本书共包含了八个部分：

第一部分是绪论部分，重点对选题背景及意义、研究内容、思路与方法进行介绍。

第二部分是对国内外相关文献进行梳理和阐述。

第三部分是相关理论概述部分，重点对相关的概念界定和理论进行总结。

第四部分主要探讨财政分权下，地方政府间的财政竞争对社会医疗保险筹资的影响。在该部分，首先阐述了中国财政分权的发展历程、中国地方政府财政竞争的成因以及中国式财政分权下地方政府财政竞争的变迁；其次对地方政府间的社会医疗保险筹资竞争的表象和存在性进行了描述和对空间 Moran's I

指数进行了检验，在政府支出竞争模型的基础上，引入地方政府对邻近地区社会医疗保险筹资的理性预期，构建地方政府间的社会医疗保险筹资竞争模型；最后将地方政府对邻近地区社会医疗保险筹资的理性预期引入地方政府间的税收竞争模型中，构建地方政府税收竞争与社会医疗保险筹资竞争的关系模型，并通过空间 Moran's I 指数检验，考虑了在地方政府税收竞争的情况下，地方政府间的社会医疗保险筹资竞争的表现。

第五部分是地方政府社会医疗保险筹资竞争对商业健康保险影响的部分。首先，在考虑了政府为了获得更多中央政府转移支付进行的医疗筹资竞争时，社会医疗保险筹资与商业健康保险的关系模型；其次，构建地方政府社会医疗保险筹资与商业健康保险的空间面板计量模型，并通过极大似然估计（MLE）方法检验地方政府间的社会医疗保险筹资竞争对商业健康保险的影响；最后，考虑城乡居民基本医疗保险的统筹发展，可能会给地区的社会医疗保险筹资竞争带来政策效应，因此，利用合成控制法，拟合天津市相关居民医疗保险政策前后商业健康保险支出的真实值与估计值的变动趋势，以对空间面板计量实证估计的结果进行稳健性检验。

第六部分是在考虑地方政府税收竞争的情况下，考察地方政府社会医疗保险筹资与商业健康保险之间的关系。首先，在地方政府税收竞争理论的基础上，将地方政府间的社会医疗保险筹资预期纳入其中，构建当地方政府间的税收竞争与社会医疗保险筹资竞争同时存在时，地方政府社会医疗保险筹资与商业健康保险的关系模型；其次，构建地方政府社会医疗保险筹资与商业健康保险的空间面板计量模型，检验在地方政府税收竞争下的社会医疗保险筹资与商业健康保险的空间计量模型，并通过极大似然估计方法检验地方政府间的税收竞争与社会医疗保险筹资竞争并存时，社会医疗保险筹资对商业健康保险的影响；最后，考虑到"营改增"政策的实施可能会带来新的地方政府间的税收竞争，因此利用合成控制法拟合湖北省、安徽省和福建省"营改增"前后商业健康保险支出的真实值与估计值的变动趋势，以对空间面板计量实证估计的结果进行稳健性检验。

第七部分是考虑当地方政府间的居民医疗保险筹资竞争时，商业健康保险税收优惠政策的帕累托改进方案。首先，在政府支出与家庭消费的理论基础上，构建了居民医疗保险筹资与商业健康保险的关系模型，并将地方政府间的居民医疗保险筹资预期纳入模型，推导出地方政府居民医疗保险筹资竞争下，商业健康保险的最优补贴理论模型；其次，构建了关于居民医疗保险筹资竞争下的商业健康保险最优补贴的动态随机一般均衡分析框架，系统地刻画了商业健康保险最优补贴在居民医疗保险财政压力与家庭商业健康保险支出中的作用；最后，通过对相关参数的校准和估计，估算出在居民医疗保险筹资竞争下的商业健康保险最优补贴比例，并模拟该最优补贴比例对居民医疗保险的财政压力和家庭商业健康保险支出的冲击。

第八部分根据之前分析的结论，提出了完善居民医疗保险与商业健康保险的有效衔接，如合理划分商业健康保险和城乡居民医疗保险的边界、建立地区间居民医疗保险的协同合作机制和逐步建立与区域经济发展相同步的居民医疗保险筹资机制，建立商业健康保险的动态监管和补贴调整机制，并且对未来个人所得税专项扣除提出建议。

二、研究思路

本书具体研究思路如下（见图1-1）：在当前分税制和官员考核体系下，地方政府可能以中央政府医疗保险政策为导向，而展开社会医疗保险筹资竞争，地方政府财政负担因此而加大。同时，"营改增"政策加剧了地方政府间低税负竞争态势，进而对社会医疗保险筹资的财政负担产生影响。在整个多层次医疗保障筹资体系中，商业健康保险始终扮演着补充居民医疗保险的角色，从而能够缓解居民医疗保险财政筹资压力。因此，地方政府上述竞争行为所带来的居民医疗保险财政压力效应，可以强化商业健康保险对居民医疗保险筹资的补充作用。商业健康保险税收优惠政策在考虑地方政府竞争因素下，需要相应的改进和完善。

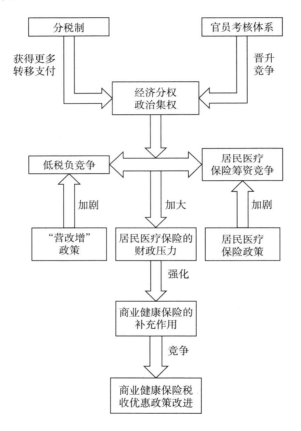

图 1 - 1　研究思路与逻辑结构图

三、研究方法

第一，归纳总结法。体现在对相关概念如财政分权、地方政府、地方政府财政竞争、社会医疗保险以及商业健康保险等方面的界定；相关理论如财政分权理论、政府竞争与博弈理论、社会医疗保险与商业健康保险关系理论等方面的阐述。

第二，定性分析与定量分析。在定性分析中，对地方政府间的居民医疗保险筹资竞争和地方政府间的税收竞争与居民医疗保险筹资竞争关系的经济理论模型的推导；对地方政府间的居民医疗保险筹资竞争与商业健康保险关系，以及税收竞争下地方政府的居民医疗保险筹资与商业健康保险关系的经济理论模型的构建；对商业健康保险最优财政补贴的经济理论推导和最优补贴对家庭商业健康保险支出与居民医疗保险筹资的动态一般随机均衡的理论框架的构建。在定量分析中，利用空间面板计量模型对居民医疗保险筹资竞争与商业健康保险的关系，以及税收竞争下地方政府的居民医疗保险筹资与商业健康保险的关系进行回归分析；利用合成控制法关于城乡居民医疗保险统筹政策对商业健康保险的经济效应，以及"营改增"税收政策变动对商业健康保险的经济效应进行拟合分析；利用计算机 Matlab 中的 Dynare 程序包，就商业健康保险最优补贴比例，给家庭的商业健康保险支出和居民医疗保险筹资压力带来的冲击进行数值模拟分析。

第三，微观分析与宏观分析。本书在当前的财政分权体制和官员晋升机制下，分析地方政府间的居民医疗保险筹资竞争与税收竞争对商业健康保险的影响。同时利用居民医疗保险与商业健康保险的衔接理论，推导出财政竞争与商业健康保险的最优补贴比例，并且分析了该商业健康保险的占比对家庭的商业健康保险支出与居民医疗保险的财政压力的冲击。

四、主要创新点与不足

（一）主要创新点

第一，以往对于地方政府间的财政竞争的研究，主要集中在地方政府间财政竞争的存在性以及产生的经济效应等方面的分析。本书将地方政府间的财政竞争纳入商业健康保险需求的分析中，并且建立了地方政府间的居民医疗保险筹资竞争和税收竞争与商业健康保险的经济理论模型。随后对财政竞争下的商业健康保险最优补贴以及所带来的福利冲击进行理论模型的构建。

第二，首先，本书将空间计量经济理论应用到了地方政府间的财政竞争与商业健康保险的实证分析中，能够形象地描述地区间居民医疗保险筹资竞争行为和税收竞争行为对商业健康保险产生的影响；其次，利用合成控制法拟合城乡居民统筹和"营改增"等财税政策变动对商业健康保险产生的经济效应，间接地对之前的空间计量实证结果进行进一步的稳健性检验；最后，对财政竞争下商业健康保险最优补贴带来的福利冲击进行数值模拟分析。

（二）不足之处

第一，本书采用的数据基于省级面板数据，实际上地级市和县的居民医疗保险筹资更能说明问题，但是有关地级市和县的居民医疗保险筹资的数据难以获得，使本书的分析在一定程度上受到了限制。

第二，由于合成控制法反映的是政策变动前后商业健康保险支出的变化，只能间接地说明政策变动前后地方政府间财政竞争对商业健康保险的影响，因此需要使用其他计量方法进行稳健性检验。对于空间计量分析来说，虽然有空间异质性理论，但是本书只考虑了地方政府间的相似行为。本书中的商业健康保险最优补贴，对家庭商业健康保险支出和居民医疗保险的财政压力冲击的动态随机一般均衡框架的构建，仅考虑商业健康保险与居民医疗保险较为简单。以上不足之处将在今后的研究中进行完善和改进。

第二章　文献综述

曰于本书是在地方政府财政竞争背景下，研究居民医疗保险筹资与商业健康保险的关系，以及商业健康保险税收优惠政策的改进。因此，接下来将对地方政府间的财政竞争、社会医疗保险与商业健康保险的关系以及商业健康保险税收优惠等相关文献进行梳理。

第一节　政府间财政竞争的文献综述

一、国外政府间财政竞争研究

（一）地方政府间财政竞争的思想起源

学者们普遍认为亚当·斯密的《国富论》中赋税、人口与资本的自由流动以及自由竞争等方面的论述，虽然没有正式提出财政竞争的概念，但是对后续的研究有启发作用。亚当·斯密认为，劳动所得的工资、资本所得的利润以及土地租赁产生的租金是构成赋税的基础，确定、公平、经济是赋税所要遵循的原则；劳动力的自由流动可以增加国民财富，还可以促使资本通过货币流向所需之人手中；完全的自由竞争是社会资源能够实现最优配置的基础，可以充分调动个体的主观能动性。

蒂布特（1956）对解决政府间财政竞争拥有开创性的思维，于 1956 年提出了"用脚投票"理论和"用手投票"理论，即在人口自由流动的情况下，政府想要吸引更多家庭迁移或人口流动至本辖区，获得更多的税源或在选举中当选，增加公共服务供给和降低辖区税率是各个地方政府竞相选择的政策组合。显然，蒂布特模型在亚当·斯密观点的基础上，较为详细地阐述了地方政府间财政竞争行为产生的逻辑，突出了人口流动、人们的公共偏好和区位选择在其中的重要性。蒂布特模型在政府间的财政竞争研究中虽然具有开创性意义，但是由于模型中的假设条件过于苛刻，这也为后续的研究埋下了伏笔。

（二）地方政府间税收竞争的研究

沿着蒂布特基于人口要素流动的政府间财政竞争的框架，奥茨（1972）将注意力转移到了地方政府间的税收竞争行为是否会带来低效率的公共服务供给。他的基本观点是，地方政府进行税收竞争的出发点是吸引更多的资本流入辖区，而那些不具有吸引资本流入的公共支出项目并不会受到地方政府官员的青睐，一般地方政府公共服务支出规模都会停留在边际收益与边际成本之下的区间，从而导致辖区的公共服务投入要低于最优的投入水平。可以看出，由于奥茨与蒂布特从不同的流动税基即资本与人口的视角，探讨地方政府间的税收竞争对公共服务供给的影响，得出了截然相反的结论，这也激发了学者们继续探索的兴趣。

自 20 世纪 80 年代开始，地方政府间税收竞争理论进入到了全面认识和发展的阶段，并且形成了基本的理论框架和分析范式。Mintz 和 Tulkens（1986）

的理论模型从市场均衡出发，得出地方政府间的非合作均衡的税收竞争效率并非低下的结论。Zodrow 和 Miezkowski（1986）提出的 Zodrow–Miezkowski 模型（简称 Z–M 模型），通过构建一个地方政府间的税收竞争的框架，从地方政府间的税收竞争产生的"以邻为壑"的外部效应，论证了地方政府间的税收竞争导致公共服务供给不足的原因。他们认为如果某一地区降低流动性资本的税负，资本就会从其他地区流入到该地区，其他地区为了挽留流失的税基，也会降低资本的税负，那么无休止博弈的结果是将税收竞争到底，地方政府这样无节制的税收竞争的结果只会导致财政收入的减少，进而减少了公共服务供给的财源。Z–M 模型是较为标准的税收竞争分析框架，之后的税收竞争模型大部分都是基于此模型进一步地拓展和改进的，但是由于该模型中仅考虑了流动的资本而未考虑流动的劳动力，因此算作资本税收竞争的经典模型。

　　Wilson（1988）在 Z–M 模型的基础上，考虑了地方政府的数量是否对税收竞争的低效率产生影响，得出的结论是，在竞争主体数量较少的框架下，税收竞争的低效有所改善但是依然存在，产生这种现象的原因是，在税收政策发生改变时，资本流向低税率地区的同时会降低仍然处于较高税率地区的净收益率，这样对资本的外流产生了充抵作用，从而在一定程度上改善了税收竞争的低效率。Wilson（1991）进一步论证了辖区的人口规模与地方政府税收竞争之间的关系，结果显示，相比人口规模较大的辖区，人口规模较小的辖区对资本税率的改变更明显，因此在税收竞争中更占优势。Razin 和 Sadka（1991）认为，在 Z–M 模型分析的框架下，如果将人口流动也作为假设条件或者视为地方政府间税收竞争争夺的对象，那么地方政府间税收竞争的结果应该取决于资本和劳动的税收弹性。Keen 和 Marchand（1997）将公共支出划分为以投资为导向的投资性公共支出和以消费为导向的消费性公共支出，在 Z–M 模型中，假设资本是自由流动的，而对人口的流动加以限制，地方政府对有限的流动资本不遗余力地争夺，使得地方政府公共支出的决策偏重于投资性投入，但忽视了公共产品的投入，最终导致公共产品的投入相对不足。Dhillon（2007）认为 Z－M 模型中的消费者效用函数包含了公共产品，出现了每单位私人边际生产率从公共产品投入中获得的收益要小于课税所要付出的成本，如果放开公共产品投入是影响消费者效用因素之一的假设条件，那么地方政府间的税收竞争会产生高效和"竞争到底"两个极端的结果。也有学者对地方政府间的税收竞争会导致公共产品供给的低效持不同的看法，Brennan 和 Buchanan（1980）认为拥有庞大规模的政府机构势必会产生浪费资源的现象，这对人民的福利会产生不利的影响，而地方政府的税收竞争在一定程度上能够约束政府浪费的行为，从而有助于民生福利的改善。

（三）地方政府间支出竞争的研究

关于地方政府间的支出竞争研究，Case 和 Rosen（1993）利用 1970～1985 年期间美国相邻州的年度数据，研究美国州与州之间的预算支出空间溢出效应与财政政策的相互影响，结果发现，当某个州的预算支出增加 1 美元时，相邻州的预算支出相应地增加 0.7 美元。Keen 和 Marchand（1997）在构建的地方政府间财政竞争的框架下，假设资本是完全流动而税率保持不变，地方政府非合作博弈的结果是增加公共产品投入，以提高辖区居民福利水平。Filigo（1999）利用 1983～1994 年期间美国相邻州的年度数据，检验州与州之间福利政策是否存在相互影响，结果发现，州政府在做决策时会更多地关注邻近州出台的福利计划。Saavedra（2000）利用 1985 年、1990 年和 1995 年美国相邻州的数据，对各个州的家庭子女补助计划进行检验，结果发现，邻近州的家庭子女补助计划反映函数是向上倾斜的，即当某个州减少家庭子女补助时，邻近州也会相应地减少家庭子女的补助。Wilson 和 Gordon（2002）在 Z－M 模型的基础上，假设地方政府的目标是预算支出最大化，并且人口是自由流动的，地方政府之间会出现支出竞争，因此在某种程度上能够缓解地方政府税收竞争带来的公共产品供给的效率低下。Baicker（2005）利用 1983～1992 年期间美国 48 个州的财政调查数据，检验相邻州医疗救助的溢出效应，结果表明，当某个州医疗救助支出增加 1 美元时会导致相邻州医疗救助支出增加 0.9 美元。Lundberg（2006）利用 1981～1990 年期间瑞典国家统计局公开的城市统计数据，在建立空间 SUR 模型的基础上采用极大似然估计方法，检验城市之间的文化娱乐支出的溢出效应，结果发现，城市之间的文化娱乐支出存在替代关系。Brock 等（2007）利用 2002 年德国 16 个州的 13000 个社区横截面数据，并采用空间两阶段估计方法检验了相邻社区不同项目支出的情况，结果表明，某个社区支出增加 1 欧元，会引起相邻社区支出增加 0.22 欧元。Cassette 等（2013）利用 1975～2008 年期间 18 个 OECD 国家的数据，采用空间两阶段估计方法对其中相邻国家的财政决策的关系进行了检验，结果表明，某个国家的财政决策会受到邻近国家财政政策决策的影响，并且欧洲国家在做财政决策的过程中，会将美国的财政策略考虑在内。Atella 等（2014）利用 2001～2005 年期间意大利地方卫生数据，将空间与时间两部方差协方差矩阵引入到空间杜宾模型来检验地方的公共卫生支出，结果显示，地方的卫生支出存在竞争的现象。

二、国内政府间财政竞争研究

（一）地方政府间税收竞争研究

关于地方政府间税收竞争存在性研究，秦成逊和周慧仙（2007）通过对我国区域税收竞争发展的梳理，认为中国的地方政府由全面税收竞争阶段已经进入规范适度税收竞争阶段。付文林（2005）认为，政府间横向财政竞争的对象不仅停留在经济利益上，还包括了政治和社会等诸多方面，而地方政府会因生产要素流动性的不同而实行差异化的税收政策，国有资本相对于其他经济资本的流动性较低，国有资本占比高的地区税率也较高。反之，其他经济资本占比低的地区税率也较低。因为截面数据的空间计量估计结果具有一定的偶然性，所以之后的研究由截面数据拓展到了面板数据。沈坤荣和付文林（2006）利用1993年和2003年的省级面板数据建立地区间宏观税负的空间滞后模型，并采用似然不相关回归方法进行估计，结果显示，税收竞争反应函数的斜率检验结果为负，说明地区间存在差异化的税收策略。郭杰和李涛（2009）利用1998～2005年期间的省级面板数据，对中国地方政府间的税收竞争进行考察，通过空间计量模型的分析，结果表明，地方政府即使不具备西方财税体制中的税收立法权，但各个税种仍存在较强的地区间税收竞争。邓子基和唐文倩（2012）利用1978～2010年期间的省级面板数据，并考虑了分税制改革对地方政府间税收竞争的影响，以1994年为节点分别进行分时期检验，结果表明，整体上地方政府在长期会选择竞争的税收策略，而在短期会选择互补税收策略，但是分税制改革在某种程度上加大了地方政府的税收竞争程度。龙小宁等（2014）将地方政府税收竞争研究由省级层面下放到县级层面，基于2000～2006年期间的县级面板数据，建立税收竞争的空间滞后模型和空间误差模型，极大似然估计的结果表明，中国县级政府存在明显的税收竞争，但与国外各州之间的税收竞争反应系数相比要低一些，这主要与要素的流动性有关。王小龙和方金金（2015）将省直管县的财政体制改革考虑到县级税收竞争中，选取2002～2007年期间的省县两级财政数据和企业微观数据，利用双重差分（DID）的计量方法进行了检验，结果表明，"省直管县"后县域的工业企业的实际税负有了明显的降低，说明"省直管县"进一步为县级政府的税收竞争提供了契机；财力强大的县域工业企业的实际税负明显降低，说明财政状况良好省份能够给县级财政以财政支持，以减小"省直管县"财政体制改革的压力,从而变相地支持了县级政府之间的税收竞争;此外,2002 年所得税改革之前注册的企业要比滞后注册的企业享受的实际税率更低。谢贞发和范子英(2015)利用 2002~2007 年期间的省级面板数据,就中央税收征管与地方政府间税收竞争之间的关系进行了研究,动态空间计量模型分析的结果表明,在共享税种征收中,中央政府的税收征管权越集中,地方政府间的税收竞争程度越小,实际税率就越高。刘清杰和任德孝(2018)选取 1998~2015 年期间的省级面板数据,利用局部 Moran's I 检验分区域的宏观税负,结果表明,各地区存在不对称的税收竞争。

关于地方政府间的税收竞争的效应分析,李涛等(2011)利用 1998~2005 年期间 29 个省的面板数据,就税收竞争与经济增长的关系进行了空间滞后模型的检验,发现其他地区的企业所得税和增值税的税负水平的上升会促进本地区的经济增长,进一步证明了地区间争夺资本的原因。张福进等(2014)选取 1998~2011 年期间的省级面板数据,就地方政府间税收竞争与经济增长进行了门槛效应分析,结果表明,地区税收竞争与经济增长呈现非线性相关,一方面,地区经济处于较低水平时,地方政府间的税收竞争不利于经济增长;另一方面,地区经济处于较高水平时,地方政府间的税收竞争利于经济增长。王凤荣和苗妙(2015)利用 2009~2011 年期间的省级面板数据,研究地方政府间税收竞争和地区的环境对资本流动的影响,Logistic 计量模型检验的结果表明,地方政府间的税收竞争有利于企业并购的达成,从而促使资本的流动,并且地区环境已成为企业在并购时考虑的重要因素。刘穷志(2017)利用 2000~2009 年期间的省级面板数据,研究地方政府间税收竞争与投资环境的关系,三阶段最小二乘(3SLS)和广义矩估计(GMM)检验的结果表明,资本的流动不仅与地方政府税收竞争正相关,而且与地区投资环境的改善相关,即使地区的税负较低,但投资环境较差,也不会吸引资本的流入。

潘明星（2010）选取1998～2006年期间的省级面板数据，研究不同区域地方政府间的税收竞争与经济增长的关系，结果表明，虽然地方政府间的税收竞争能够拉动地区的经济，但是各地区随着税收竞争的加剧，导致税收收入的减少和地区陷入财政困难，不利于地区公共服务水平的改善。亓寿伟和王丽蓉（2012）选取1998～2011年期间的省级面板数据，研究地方政府间的税收竞争与公共支出的关系，检验结果表明，地方政府的税收竞争减少了地区的公共支出。郭矜等（2016）选取1999～2013年期间的省级数据，利用空间Moran's I指数检验地方政府间的税收竞争的存在性，并且认为地方政府间的税收竞争导致地区财政收入的减少。浦龙（2017）选取2000～2006年期间的县级面板数据，研究县级政府税收竞争与县域公共支出结构的关系，县级政府税收竞争抑制了县级福利性财政支出。王娜和尚铁力（2017）选取1994～2015年期间的省级面板数据，分析地方政府间的税收竞争效应，地方政府间的低税负竞争促使地方政府支出倾向生产性投入而减少民生支出。

（二）地方政府间支出竞争研究

关于地方政府间的支出竞争存在性研究，朱军（2007）系统地分析了中国地方政府间支出竞争的形成原因，认为地方政府为了引入资本展开了财政支出竞争。李永友和沈坤荣（2008）利用1995年和2005年的东中西省级截面数据，同时考虑地区间税收决策和支出决策对外商直接投资产生的影响，依然采用空间滞后模型，得出的最大似然估计的结果表明，地区间的低税负竞争和生产性支出竞争的表现较为明显，而其他项目支出的竞争并不显著，说明虽然税收竞争是各地区首选的财政竞争策略，但也出现了向支出竞争拓展的迹象。踪家峰和蔡伟贤（2008）选取1994～2005年期间的省级面板数据，利用空间计量模型检验地方政府间的财政支出竞争，结果表明，地方政府的财政支出存在趋同现象。解垩和王晓峰（2009）选取1997～2004年期间的省级面板数据，利用空间计量模型检验地方政府间财政支出的相互作用，结果表明，地方政府的财政支出存在模仿效应。

关于地方政府间的财政支出竞争的效应分析，郭庆旺和贾俊雪（2009）选取 1986~2006 年期间的省级面板数据，研究地方政府间财政支出竞争与经济增长的关系，自分税制以来，地方政府财政支出扭转了财政包干时期效率低下的局面，拉动了经济的增长。张恒龙和陈宪（2006）选取 1995~2003 年期间的省级面板数据，以招商引资为视角研究地方政府间财政支出竞争与公共支出结构的关系，结果表明，地方政府针对招商引资的财政竞争使地区的基础设施支岀占比上升而公共服务占比下降。傅勇和张晏（2007）选取 1994~2004 年期间的省级面板数据，研究地方政府间的财政支出竞争与公共支出结构的关系，结果表明，地方政府在以 GDP 增速为考核指标的情况下，展开经济增长竞争，导致财政支出结构的扭曲。伍文中（2010）选取 2001~2007 年期间的省级面板数据，利用空间计量模型研究地方政府间的财政支出竞争与基础设施的关系，结果表明，地方政府间的财政支出竞争促使地区的基础设施建设趋同。尹恒和徐炎超（2011）选取 2002~2005 年期间的地级市数据，研究地方政府间基础设施支出的相互影响，结果表明，地方政府在经济增长晋升机制下出现了基础设施支出的攀比效应。邓明（2013）选取 1985~2009 年期间的省级面板数据，利用空间计量模型检验地方政府支出竞争对地区经济增长效率的影响，结果表明，地方政府的适度支出竞争可以提高地区经济增长效率。刘小勇和丁焕峰（2015）选取 1998~2006 年期间的省级面板数据，利用空间杜宾模型检验地方政府间的财政支出竞争对地方政府支出偏好的影响，结果表明，地方政府间财政支出出现了"逐底竞争"，促使地方政府偏向经济建设支出，而对社会发展性支出失去兴趣。刁伟涛（2016）选取 2010 年底至 2013 年 6 月底的月度数据，考察地方政府的债务是否存在趋同现象，结果发现，促使地方政府的举债行为也表现出趋同的现象，原因是地方政府为了促进经济增长而进行的标尺竞争留下的后遗症，当经济进入发展的新常态和财政支出快速增长的情况下，地方政府债务的趋同现象得以凸显。王术华（2017）选取 1997～2015 年期间的省级面板数据，利用空间杜宾模型考察在财政压力视角下地方政府间的财政支出竞争对政府债务的影响，结果发现，地方政府的债务会受到财政压力的制约，又会因为地方政府支出竞争而扩张。吴俊培等（2017）选取 2000～2009 年期间的省级面板数据，考察地方政府公共支出竞争的效率问题，结果表明，地方政府的公共支出的适度竞争有助于经济的发展，过度竞争会抑制经济的发展。

随着中央政府对社会民生的重视，地方政府间的财政支出竞争也在逐渐由生产性支出向民生性支出转变。李涛和周业安（2009）选取 1999～2005 年期间的省级面板数据，利用空间面板计量模型对地方政府间的支出竞争进行检验，结果表明，虽然地方政府对于生产性支出存在偏爱，但是随着中央政府对地方政府福利指标考核力度的加大，医疗卫生和教育支出也逐渐成为地方政府财政支出竞争的目标。郑磊（2008）选取 1997～2005 年期间的省级面板数据，研究地方政府间的财政支出竞争与教育支出的关系，结果表明，在 GDP 考核的机制下，地方政府的标尺竞争降低地区的教育支出水平。王丽娟（2011）选取 1997～2009 年期间的省级面板数据，分支出结构利用空间计量模型检验地方政府的支出竞争，结果表明，地方政府的建设性支出竞争与民生支出竞争并存，但是前者仍占据主导地位。周亚虹等（2013）利用 2007～2010 年期间的 312 个地级市的面板数据，研究地方政府教育支出的标尺竞争，结果表明，财政政策对教育的投入和官员的晋升机制，是地方政府教育支出的竞争行为产生的主要因素。王华春和刘清杰（2016）选取 1999～2010 年期间的省级面板数据，考察地方政府标尺竞争对社会经济发展的影响，结果表明，地方政府在晋升机制下，地区围绕经济的竞争是不可持续的，需要加大社会性支出以促进经济的可持续发展。杜研冬和刘一伟（2016）选取2004～2013年期间的省级面板数据，利用空间计量模型检验地方政府的社会保障支出是否存在竞争行为，结果表明，地方政府在民生成为考核指标之一后，会产生社会支出的标尺竞争。张梁梁等（2016）选取2003～2013年期间的265个地级市的面板数据，研究地方政府科技支出竞争行为，结果表明，地方政府在面对当前的官员晋升机制时，在科技财政支出中出现了互补现象。黄宸和李玲（2017）选取某个省份的县域数据，研究中职教育支出的县域政府标尺竞争，结果表明，县级政府的中职教育支出存在正向的相互作用，并且地方政府民生竞争已经渗透到县级政府层面。

第二节　社会医疗保险与商业健康保险关系的文献综述

社会医疗保险是国家医疗保障筹资体系的重要分支，而商业健康保险对于医疗保障筹资体系的贡献也不能被忽视。综观世界各国的医疗筹资体系，商业健康保险和社会医疗保险的关系可以划分为四种类型：强强组合（如荷兰和法国）、强弱组合（如挪威和丹麦）、弱强组合（如美国）、弱弱组合（如南非和印度），但是无论哪种组合都不能说明商业健康保险和社会医疗保险是此消彼长的关系。值得注意的是，虽然一些发达国家的社会医疗保险的保障水平较高，但商业健康保险的发展并没有因此而受到影响，二者的分工配合和有效衔接，可以拓宽医疗保障的范围和提高医疗保障的效率。

一、中国医疗保障筹资体系的现状

谈到社会医疗保险的筹资与商业健康保险的关系，就不得不介绍一下中国医疗保障发展的现状。具体地说，中国的医疗保障体系是由基本医疗保险和补充医疗保险构成的多层次医疗保障体系。其中，基本医疗保险涵盖了城乡居民基本医疗保险和城镇职工基本医疗保险，而补充医疗保险由商业保险来承担。

具体来说，城镇职工基本医疗保险是在 1998 年颁布的《国务院关于建立城镇职工基本医疗保险制度的决定》后逐步建立起来的，参保对象涵盖了全体城镇职工。城镇职工基本医疗保险筹资主体由用人单位和个人组成，划分比例分别为工资收入的 6% 和 2%，筹资内容包括医疗个人账户和医疗基金的统筹，个人账户基金由全部的个人筹资和 30% 的用人单位筹资组成，统筹基金来自剩余 70% 的用人单位筹资。需要指出的是，与门诊相关的医疗费用一般由个人账户负担，统筹基金用于住院费用支出。截至 2015 年，城镇职工的人均筹资为 3246 元，同比 2011 年增长了 1.59 倍。①

城乡居民基本医疗保险，包含了城镇居民基本医疗保险和新型农村合作医疗。2007 年国务院出台了《关于开展城镇居民基本医疗保险试点的指导意见》，自此城镇居民基本医疗保险制度在我国 9 个城市开始试点，并逐步向全国铺开。城镇居民基本医疗保险的保障对象涵盖了儿童、学生以及非就业成年人等城镇职工基本医疗保险未能覆盖的人群；城镇居民基本医疗保险筹资方式是以政府财政补贴为主、个人缴费为辅，主要用于参保人的住院医疗费用和部分门诊大病费用。在 2003 年《关于建立新型农村合作医疗制度的意见》出台后，全国各地开始逐步建立新型农村合作医疗制度，新型农村合作医疗制度筹

---

① 数据来源于 2011～2015 年《全国医疗生育保险运行报告》。

资主体由政府、集体和个人组成。就医疗保险筹资水平来说，2015 年城镇居民医疗保险人均筹资为 515 元，同比 2011 年的 242 元增长了 1.13 倍；2015 年新型农村合作医疗保险人均筹资为 464.3 元，同比 2011 年的 147.27 元增长了 2.15 倍。[①] 2016 年初国务院出台了《关于整合城乡居民基本医疗保险制度的意见》，将城镇居民基本医疗保险和新型农村合作医疗进行整合，统称为城乡居民基本医疗保险。城乡居民统筹后的基本医疗保险，将覆盖所有城乡居民（但不包含城镇基本医疗保险的参保人群），筹资方式继续沿用城镇居民基本医疗保险的筹资方式。截至 2017 年 1 月，已有 22 个省份出台了城乡居民基本医疗保险的整合方案和时间安排。[②]

我国在进行社会医疗保险制度改革之初，就已经将商业健康保险纳入基本医疗保险的补充范畴。近几年来，国家对于商业健康保险的发展非常重视，先后出台了《关于加快发展商业健康保险的若干建议》《国务院关于加快发展现代保险服务业的若干建议》以及《关于将商业健康保险个人所得税试点政策推广到全国范围实施的通知》等指导建议，明确了商业健康保险是社会医疗保险的重要补充形式，也是民生保障网的重要支柱。我国商业健康保险在各种政策的支持下，实现了飞速发展。2017 年，我国商业健康保险的原保费收入达到了 4389.5 亿元，同比 2011 年的 691.3 亿元增长了 5.35 倍。从国家医疗保障筹资体系来看，商业健康保险已然成为其中的重要筹资来源。

二、国内外社会医疗保险与商业健康保险的静态关系研究

关于商业健康保险在医疗保障体系中应该如何定位和扮演什么样的角色，国内外学者从静态和动态两个方面对社会医疗保险与商业健康保险的关系进行

---

① 数据来源于 2011～2015 年《全国医疗生育保险运行报告》。
② 数据来源于 2017 年《全国医疗生育保险运行报告》。

了讨论。就社会医疗保险与商业健康保险的静态关系研究而言，主要集中在社会医疗保险与商业健康保险的互补性研究。关于社会医疗保险与商业健康保险的互补性研究：

（1）道德风险与逆向选择，Stigliz（1977）证明无差别的保险合约在保险市场上实现不了混合均衡，即使保险市场只存在唯一供给者。Normand 和 Weber（1994）认为投保人由于对商业健康保险专业知识的缺乏，并不能准确说出自己需要哪种医疗服务，在这种情况下，如果商业健康保险公司提供过多的选择，会导致投保人做出缺乏理性的决定，也为投保人的逆向选择提供了机会，此时社会医疗保险的统一合约更有效。Felstein（2005）认为强制性作用使社会医疗保险容易避免存在于商业健康保险中的道德风险和逆向选择问题。

（2）保障功能的不同，豆朝阳和汪洋（2009）认为社会医疗保险和商业健康保险都属于社会保障体系的范畴，社会医疗保险或者是商业健康保险单一的存在都不能满足人们的保险保障需求。朱俊生（2011）认为商业健康保险与社会医疗保险的结合在于构建多层次的医疗保障体系，不仅需要保证人们的基本医疗保障，还要满足人们除了"基本"以外更高的保障需求。社会医疗保险满足人们对于医疗保险的共性需求，而商业健康保险能够满足人们对于医疗保险的差异化需求。邵全权和陈佳（2009）通过对社会医疗保险与商业保险关系的研究发现，在健康生产效率较高的地区，社会医疗保险已经与商业健康保险实现全面合作。吕志勇和王霞（2013）通过对社会医疗保险和商业健康保险的耦合性研究，认为社会医疗保险与商业健康保险在保障功能、保障范围、保障技术和保障方法上存在较高的耦合性，并且根据商业健康保险的赔付率、商业健康保险的原保费收入、城镇职工医疗保险基金支出等相关指标，测算出社会医疗保险与商业健康保险的耦合系数为 0.6374。

（3）保障的公平性，Blomqvist 和 Johansson（1997）认为商业健康保险行业一旦出现因"撇脂策略"产生的市场失灵，社会福利的公平性就会受到影响，此时社会医疗保险的普惠性医疗待遇会在一定程度上维持社会福利的公平。朱铭来和李涛（2017）认为保障需求的公平性不仅仅要满足基本保障需求，还要考虑较高的保障需求，因此需要商业保险来补充维系。

（4）医疗保障筹资的可持续性，瓦格纳认为当一个国家发展到一定程度时，医疗、养老和社会保障等社会性支出会呈刚性增长趋势，这将给财政的可持续性提出挑战。邓宏（2006）认为由于社会医疗保险和商业健康保险各自职能的模糊，使医疗费用不合理增长难以得到有效的控制，因此有必要整合社会医疗保险和商业健康的资源。朱铭来和奎潮（2009）认为商业健康保险打破了政府独撑医疗保险的局面，在一定程度上分担了医疗保险的财政压力。李文群（2009）在新医改中明确指出对于基本医疗服务的付费不仅需要依靠政府来买单，还需要社会和个人的支持；而对于特别需求的医疗服务除了个人直接支付外，还需要通过商业健康保险来支付。陈静姝（2016）认为，从商业健康保险的社会收益来看，商业健康保险可以为人们提供多种类型的产品和服务，以满足人们更加全面的保障需求；从商业健康保险的经济效益来看，商业健康保险可以分担一部分医疗费用，减轻国家医疗保障体系的财政负担。

三、国内外社会医疗保险与商业健康保险的动态关系研究

关于社会医疗保险扩张对商业健康保险的影响，Cutler 和 Gruber（1996）针对 1987～1992 年期间实施的孕妇和儿童的医疗救助计划，对商业健康保险的影响进行了实证研究，结果发现，该计划的覆盖率每扩张 0.5 个百分点，商业健康保险的覆盖率就会降低 1 个百分点，主要由于该医疗救助计划减少了部分雇主承担雇员医疗保险的负担。Blumberg 等（2000）利用收入与参与计划调查数据（SIPP）研究发现，针对儿童医疗救助的扩张会促使商业健康保险

中 23% 的参保儿童转移到医疗救助计划中，但对没有保险的儿童影响不大。Thorpe 和 Florence（1998）利用美国全国青年纵向调查数据，探讨医疗救助扩张对商业健康保险参保率的影响，发现新加入的医疗救助儿童中大约有 16% 的父母可能还会给孩子购买商业健康保险，因此认为医疗救助的扩张不是导致商业健康保险参保率下降的唯一原因，主要与部分家长丢掉工作而失去了雇主承担的保险有关。Augurzky（2011）研究德国的社会医疗保险关于停止口腔行业的改革对商业健康保险的影响，发现此项改革前后商业健康保险的需求增长并不明显，原因在于投保人的选择不够理性并且存在基本相同的偏好。Levine 等（2011）研究在美国扩大年轻人商业健康保险年龄覆盖范围政策带来的效果，结果表明，此项政策对商业健康保险的影响是显著的。郭雅琴（2016）认为社会医疗保险对商业健康保险的替代，表现在政府对商业健康保险的阻滞效应，随着社会医疗保险筹资的不断提高，会对商业健康保险产生一定的挤出效应。彭浩然等（2017）利用 2004~2014 年期间的省级面板数据，研究社会医疗保险的扩张对商业健康保险的影响，发现在不同经济发展水平地区，社会医疗保险规模的扩张对商业健康保险的影响也是不同的，在经济较发达的东部地区，社会医疗保险的规模扩张对商业健康保险的影响是先促进后抑制；对于经济欠发达的中部和西部地区，社会医疗保险的规模扩张促进了中部地区的商业健康保险的发展，而对西部地区商业健康保险表现得不明显。

四、国内外关于商业健康保险的税收优惠政策文献综述

Stabile（2001）研究税收补贴对加拿大雇主购买商业健康保险决定的影响，发现税收优惠制度能够促进雇主对商业健康保险的购买，但同时也会导致公共健康服务中的道德风险。Gruber（2002，2005）认为对公司采取商业健保险税前扣除比对个人所得税税前扣除更有效，并且在之后的实证研究中利用2001年2月至3月的人口调查数据，对没有保险的人群是采取社会医疗的税前扣除还是进行商业健康保险的税前扣除，模拟的结果显示，前者要比后者更有效具。Thomasson（2003）就美国1957年出台的对雇主承担的团体商业健康保险的税前扣除计划，利用1953～1958年期间美国民意调查中心关于家庭支出的调查数据进行政策评估，结果表明，该计划极大地刺激了家庭对团体商业健康保险的需求，特别是那些处于较高边际税率的家庭。Gruber和Lettau（2004）在关于公司对商业健康保险需求弹性的研究中，利用美国就业成本指数的微观数据，模拟了实施商业健康保险税前扣除对公司商业健康保险需求弹性的影响，发现如果没有税收扣除，雇主为雇员购买的商业健康保险支出将大幅度减少，并且还会影响商业健康保险的覆盖率。朱铭来和于新亮（2015）在关于税收优惠与商业健康保险购买意愿的研究中，利用天津市个人基本医疗保险的抽样数据，得出商业健康保险购买意愿因税收优惠政策而增加。朱铭来和王美娇（2016）同样用天津市的个人基本医疗保险的抽样数据，发现税收优惠政策可以带来巨大的商业健康保险需求。

第三节　文献综述评述

通过对国内外地方政府间的财政竞争相关文献的梳理，发现国外的地方政府间的财政竞争思想的出发点是地方政府将追求社会福利最大化作为财政收支的目标。因此，对地方政府间财政竞争的研究，始终围绕着地方政府间的财政竞争对公共服务供给效率的影响或者是福利支出的溢出效应来探讨的，相对比较简单。国内关于地方政府间的财政竞争的研究要晚于国外的研究，并且相对复杂。

就对地方政府间的财政竞争存在性研究来看，改革开放以来，随着财政分权进入规范的分税制发展阶段，地方政府间的财政竞争经历了由税收竞争到税收竞争与支出竞争并存的阶段。从地方政府间税收竞争产生的效应来看，地方政府间税收竞争的直接目的是利用各种税收优惠政策吸引资本以驱动经济增长，但这给地区带来经济效应的同时，导致地方政府忽视了民生类公共支出，出现了"重建设，轻民生"的扭曲财政支出结构；从地方政府支出竞争产生的效应来看，地方政府的支出竞争是税收竞争的衍生物，即在地方政府间的税收竞争对资本的边际收益递减时，增加对基础设施的支出来优化地区公共环境吸引资本流入，因此地方政府的基础设施建设支出直接挤压了民生类的公共服务供给（冷毅和杨琦，2014）。此外，由于社会民生福利水平成为官员考核的重要指标，因此地方政府官员为了晋升，将支出竞争由基础设施领域转向了民生领域。

通过对社会医疗保险与商业健康保险的相关文献的梳理发现，国内外关于社会医疗保险与商业健康保险关系的研究，主要集中在社会医疗保险与商业健康保险之间的功能互补的静态研究，以及社会医疗保险规模扩张和商业健康保险政策的变动对商业健康保险的影响的动态研究。静态研究得出的结论还是比较一致的，即社会医疗保险与商业健康保险在信息不对称、产品需求、社会福利以及财政的可持续性等方面存在较强的互补性。而动态研究得出的结论存在一定差异，社会医疗保险扩展对商业健康保险的影响存在挤出、挤入和不显著三种效果，商业健康保险的政策效果还是比较明显的。通过对国内外税收优惠政策与商业健康保险关系的相关文献梳理发现，税收优惠政策可以刺激商业健康保险的需求。

综上所述，结合地方政府间的财政竞争，考察社会医疗保险筹资与商业健康保险之间的动态关系，以及商业健康保险税收优惠政策的进一步改进是本书研究的重点内容。

第三章　相关理论概述

第一节　政府间财政竞争理论基础

一、财政分权理论

关于财政分权理论按发展历程可以将其划分为第一代财政分权理论和第二代财政分权理论。具体来说，第一代财政分权理论的代表人物主要有哈耶克、蒂布特、马思格雷夫和奥次等。哈耶克（1945）就中央政府与地方政府谁更适合提供公共服务做出了判断，由于地方政府比较了解辖区内居民的公共服务需求偏好，因此地方政府提供公共服务占有更多优势。蒂布特（1956）在哈耶克思想的基础上，将竞争的概念引入地方政府公共服务供给中，认为地方政府为了吸引更多的人口流入，会一致采取增加公共服务的决策。马思格雷夫（1959）认为，财政具有稳定经济、收入分配和资源配置的职能，中央政府的充足财力为稳定经济和收入分配提供了经济基础，而地方政府应该负责辖区的经济和社会福利水平的提高，因此有必要赋予地方政府一定的资源配置职能。同时他还提出了财政联邦主义的概念，财政分权使地方政府的权利相对独立，并且这种权利通过税种在中央与地方的分配中得以体现出来。奥次（1972）认为，公共产品与政府在供给成本相同的情况下，与其让中央政府向全体居民提供相同数量的公共服务，不如让各个地方政府为辖区内居民提供帕累托有效的公共服务。

第二代财政分权理论主要代表人物有钱颖一、温格斯特和怀尔德森等。与传统的财政分权理论不同，第二代财政分权理论最重要的贡献是引入了激励相容机制，探讨的主题也由地方政府对辖区社会福利最大化的考虑转向地方政府将自身利益纳入目标决策中。钱颖一等（1997）提出了市场保护型的财政联邦主义思想，认为政府官员并非完全以公共福利最大化为追求目标，也带有私人物质利益心理。在制度约束力不够的情况下，政府官员可能出现寻租行为。所以对于如何促使地方公共福利与政府官员私利的激励相容，有效的政府治理结构是首要考虑的问题。而联邦制带来的地方竞争能够影响官员的政治利益，从而促使地方政府对保护市场采取必要措施。出于对地方市场保护，政府需要依托于可靠的承诺，提供涵盖"正"和"负"两种激励的治理工具。前者目的是限制政府损害公共利益行为，后者则是对政府预算软约束进行惩罚。分权极大地降低了中央政府对地方政府的信息过度传递和控制程度，有利于地方政府从发展经济中获益，进而对其主动采取经济发展措施产生正向激励作用。温格斯特（1997）构想了一个乌托邦式的联邦财政体制，涵盖了明确政府层级权责范畴、地方政府在辖区的公共服务供给和经济发展上拥有一定的自主性、政府在市场监管上具有主导性、较强的地方政府预算约束，以及建立约束各级政府权力行为的制度等假设条件。由于该理论框架重点研究财政分权带来的经济增长效应，对于公共服务应该由谁来提供并没有明确的阐释。因此理想的财政联邦体制框架只对财政分权带来的经济效应有一定的说服力，而对于财政分权产生的负面影响缺乏说服力。并且在整个分析框架下，财政分权经济效应的出现，仅依靠经济分权远远不够，还需要一定的政治集权。怀尔德森（1997）认为收入分配职能不应该下放到地方政府，因为容易造成富人的流失，使政策实施地区的收入难以维系收入分配的政策成本。

二、政府行为理论

政府行为是与市场行为相对应的，垄断、外部性和信息不对称等因素会阻碍市场价格机制调节作用的正常发挥，从而出现市场失灵的现象。同样，政府行为中潜在的一些问题如寻租行为和政府失灵，也会干扰经济资源的有效配置。

哈耶克（1994）在著作《通往奴役之路》中阐明，社会中的人是推动制度变迁的主体，并且在整个过程中政府只是扮演辅助角色，而政府的作用要立足于促进机会平等、自由发展和有效竞争，基于这些目标，政府的行为也应该着眼于约束自我、维护规则和保护产权。人的自由发展是建立在充分选择的基础上的，如果人只能被迫接受一些事物，则此时的选择只能导致制度偏离正常且合理的路径。从人的自由发展的视角看待竞争，就不能局限于竞争所带来的经济行为，即对经济资源的有效配置，而是应该纠正干扰社会秩序的行为。机会的平等需要社会规则的统一性，不能区别对待人和事，否则会制约人的自由发展。哈耶克的观点表明，制度的演化和变迁需要人对社会经验的积淀，这就决定了政府的行为只能辅助人的行为、推动制度的发展和变迁，在这个过程中政府需要做的是如何维护能够促进人的自由发展的社会秩序。

奥尔森（2000）在著作《权力和繁荣》中阐述了利益集团和政府在经济发展中的地位和作用，利益集团的存在是制约经济社会发展的顽石，而利益集团的行为对经济社会发展的影响程度取决于利益集团规模的大小，利益集团规模越大，其参与分享经济利益的人越多，使集体选择的结果出现偏差就越大，并且一些弱势群体的诉求难以表达出来。面对利益集团对社会利益的侵蚀和对社会事物的干扰，政府需要在各个利益集团之间进行斡旋，使其达到一个均衡状态，并且在进行社会事务商议时听取多方的声音。而对独裁、混乱和民主等不同类型的政府，奥尔森（2000）认为经济发展和社会福利水平的提高需要稳定的社会秩序，因此拥有一个混乱的政府是经济社会发展的灾难，一个国家即使拥有一个独裁的政府也比拥有一个混乱的政府状态要强得多，当然应该做到以民主政府为发展方向。

诺斯（1981）认为，政府行为在制度变迁的过程中拥有双重作用，政府出于对自身利益考虑希望通过产权分配来获益，而面对社会产出最大化的目标又不得不减少交易费用，因此政府行为对经济的发展具有导向性作用。制度环境是约束生产、交换和分配等经济行为的基础规则，是最基本的制度安排，其变迁需要政府采取合法的强制力，如对于意识形态的培养、产权结构的维护和制度环境的培育等诸多方面。政府合法的强制力可以极大地降低制度变迁的成本，并且制度变迁的规模效益也随着政府的参与得以体现出来。显然，诺斯将政府合法的强制力引入制度环境变迁的分析中，强调了政府行为在制度变迁中的重要性。

青木昌彦（2003）认为，制度变迁中不能忽视政府的博弈主体地位，因为政府制定了约束其他主体行为的法律规则，同时与其他行为主体进行互动，并且扮演着不可替代的角色。对于政府来说，参与社会活动的出发点是保证经济资源的合理分配和出于对自身利益的考虑。政府利用其合法的强制力推行一项制度的演变，并且敦促其他社会行为主体在这项外生的制度下开展经济社会活动。然而，人们对于内生制度存在一定的理性预期即通过对当前的制度环境加以判断和分析，以作出应对之策。因此，政府除了要考虑如何利用合法强制力促使制度的演变，还要改变人们已经约定俗成的行为预期，以减少制度变迁的阻力。

政府行为理论，论证了政府选择什么样的决策，对制度变迁和经济社会发展就会产生什么样的影响，而政府的财政收支本质上是政府行为的一部分，因此政府的行为理论对政府财政收支的影响不言而喻。在人们的思想观念中，将政府视为公共利益做主的机构，但是当面对利益分配时，在各种利益主体的斗争中，能够真正看到政府也是由人组成的机构，也有争取自身利益的私心，这也说明政府中的人是"经济人"，其行为也符合经济学中的"经济人"假设。因此政府行为理论，也在一定程度上解释了地方政府间财政竞争的行为产生的原因，政府行为理论中提到政府有经济资源分配和考虑自身利益两种目标，然而作为理性的"经济人"，可能会以追求自身利益最大化为主要目标，从而展开对社会经济资源的争夺。

三、政府竞争理论

布雷顿（1996）首先对政府竞争概念做了较为详细的阐述，他认为单一的政府结构理论假设没有给政府竞争提供研究的观点，但是当放宽到混合制政府结构的分析中，政府竞争可能成为政治经济学研究的对象之一。布雷顿认为政府间的竞争是政府竞争的重要形式之一，各级政府之间都可能出于对自身利益的考虑而展开竞争，这样又可以具体分为政府与上级政府的纵向竞争以及与同级政府间的横向竞争。政府竞争的内容涵盖了生产要素和资源分配，因为生产要素是地区经济发展的物质基础，而资源分配的竞争则体现了政府与上级政府以及同级政府之间的博弈。

政府间的竞争除了对生产要素的竞争和资源分配的竞争外，还包括制度竞争和财政竞争。希伯特和库普（1990）认为制度竞争是对选民选票竞争的有力补充，可以很好地监督执政者的行为。关于政府间的财政竞争，蒂布特（1956）认为在人口完全流动的情况下，各地区为了吸引更多的人口流入，就必须考虑降低税负和增加公共服务等方式提升地区的吸引力，各个地区如果同时调整策略，那么就会出现地区间的财政竞争。但是政府的竞争可能是为了某些特殊的利益集团，这样容易出现以牺牲其他人群的利益为代价的"逐顶竞争"。

综上所述，政府间的竞争涵盖了政府间的财政竞争，政府间的财政竞争是政府间竞争的重要内容和形式。因此，政府间的竞争不一定是政府间的财政竞争，但是政府间的财政竞争一定是政府间的竞争。就政府间的财政竞争对社会福利的影响来说，政府间关于公共服务供给的竞争，会给辖区的居民带来福音，但是过度的追逐竞争会对社会福利产生一定的破坏性。

四、政府博弈理论

博弈典型的例子如象棋和围棋的对弈，而具体的理论常见于微观经济学中的厂商理论。在纳什均衡理论中，假定存在多个博弈主体，如果在某种情况下，博弈主体都没有改变策略的意愿，那么此时所有博弈主体的策略所构成的集合称作纳什均衡。纯策略均衡中，每个博弈主体都是在知道对方策略或者是在信息对称的情况下做出的决策，因此纯策略均衡是纳什均衡的特殊情况。再如寡头竞争中的古诺模型、斯塔克伯格模型、伯兰特模型以及串谋模型都是博弈理论的经典模型。

实际上，博弈按照是否能够产生具有约束效应的协议，可以划分为合作博弈和非合作博弈。如果博弈结果能够产生具有约束效应的协议被称作合作博弈，否则就是非合作博弈。合作博弈中的约束协议，在一定程度上限制了博弈主体的利益追求，会产生一个较为公平的利益分配结果。非合作博弈由于缺乏约束协议，博弈主体会尽可能争取自己的利益，以至于达到纳什均衡的结果。博弈按照实现的频率可以分为有限次博弈和无限次博弈，有限次博弈使得博弈主体了解到最后一次博弈和初次博弈没有区别，因此不合作的违约行为是他们的最佳选择，这样就会出现"囚徒困境"。无限次博弈中博弈主体会意识到"来日方长"，使得博弈主体变得更加理性，极大地降低不合作的违约和欺骗行为出现的概率。

政府间竞争中的博弈主体是政府，下级政府与上级政府的竞争是政府间的纵向博弈，而同级政府间的竞争是政府间的横向博弈。在政府竞争理论中，各级政府都有为自身利益而夺取经济资源的动力，因此政府间竞争往往会出现纳什均衡的非合作博弈结果。而信息的不对称和激励机制的扭曲，可能导致政府间的博弈离合作博弈越来越远。经济资源的有限性促使政府间只能采取有限次博弈，从而出现政府间博弈的"囚徒困境"。

第二节　社会医疗保险与商业健康
保险衔接的必要性

综观世界各国的医疗保障筹资体系，社会医疗保险与商业健康保险是其重要的组成部分。社会医疗保险制度是指依法向制度参与主体如个人、企业和政府收取一定比例的社会医疗保险费，以备未来可能发生的疾病预防和医疗服务的制度设计。由于中国商业健康保险发展处于起步阶段，通常将健康保险的概念视作商业健康保险的广义含义，即人们以自身健康为标的进行投保，在发生疾病和意外伤害时补偿其所产生的费用或损失的保险。二者之所以能够衔接，主要体现在产品属性、信息不对称、医疗服务价格扭曲以及社会民生性等方面拥有较强互补性。

一、社会医疗保险与商业健康保险的产品属性

依据类别，产品可以划分为纯公共产品、准公共产品和私人产品。划分方式基于各种产品的属性，纯公共产品具有非竞争性和非排他性，该种产品不会排斥任何人对其消费，并且该种产品不会因为消费数量的增加而带来边际社会成本（边际成本与边际拥挤成本之和）的增加。私人产品的消费既会排斥没有通过某种方式认定的人群，又会带来消费边际成本的增加。准公共产品不能同时拥有非竞争性和非排他性的属性特征，而具有纯公共产品和私人产品的部分属性。按照产品类别划分，社会医疗保险应该归属于准公共产品，一方面，原则上社会医疗保险不会阻碍医疗体制内任何人的消费，并且给予消费人群无差异的保障服务；另一方面，随着社会医疗保险消费数量的增加，消费的边际社会成本也在递增，并且消费数量的增加会导致社会医疗保险服务质量的下降。商业健康保险是社会医疗保险的重要补充形式，是国家医疗保障体系的重要组成部分。商业健康保险归属于私人产品，一方面在满足人们对医疗保险更高消费需求的同时，又缓解了社会医疗保险的消费压力，降低了社会医疗保险的边际社会成本；另一方面商业健康保险在为人们提供更高的保障过程中，弥补了社会医疗保险的不足，提高了社会医疗保险的服务质量和运行效率。

二、社会医疗保险与商业健康保险的信息不对称

信息不对称导致保险市场的逆向选择和道德风险，是影响保险行业发展的重要因素。一方面，商业健康保险的投保人对个人的日常生活习惯和身体状况十分清楚，而保险人所能掌握的信息相对有限，仅能从投保人提供的相关投保资料中获取信息；另一方面，由于商业健康保险专业知识的缺乏，以及商业健康保险产品设计的多样性，使投保人对商业健康保险产品的了解程度低于保险人对其了解程度。保险人与投保人之间的信息不对称，容易引发类似于二手车市场的逆向选择，即身体健康人群逐渐被身体较差人群驱逐出商业健康保险市场。同时，投保人与医务人员串谋，在一定程度上加大了健康保险领域的道德风险。

社会医疗保险相对于商业健康保险，其投保具有一定的强制性特征，并且供需双方所掌握的信息比较充分，几乎不存在投保人的逆向选择问题。但社会医疗保险的道德风险问题表现为患者过度消费医疗资源和医生诱导需求等现象，从而导致医疗资源浪费和利用效率低下。此外，在当前财政分权体制下，政府有关社会医疗保险决策也会面临道德风险和逆向选择，只是产生的逻辑与投保人的行为不同。商业健康保险与社会医疗保险的取长补短，可以有效抑制内生于二者之中的道德风险和逆向选择。

三、社会医疗保险与商业健康保险中政府和市场的失灵

福利经济学中详细阐述了瓦尔拉斯均衡和资源有效配置之间的关系，其中达到均衡时的价格扮演着重要的角色。但是，在现实世界中价格往往会受到一些因素的影响，不能有效发挥市场调节的作用，在经济学中这种现象被称作市场失灵。商业健康保险在医疗保障体系中代表着市场行为，而垄断、不规范的市场竞争以及信息的不对称都会导致非均衡价格的出现。一方面，当前中国的商业健康保险还处于初步发展阶段，对于一个不成熟的市场环境，规模效应是商业健康保险公司能够立足的基础，基础较为雄厚的公司可以获得更多的潜在客户，并且组建高水平专业的团队，从而在商业健康保险市场的定价方面占据

优势。另一方面，由于商业健康保险的产品定价专业性较强，投保人不可能对市场上如此繁多的商业健康保险的情况了如指掌，但投保人对自身的健康情况比较清楚，而保险人对于商业健康保险的价格设计非常清楚，但对于被保险人身体健康状况只能通过投保人的描述和有关投保资料来进行判断，因此投保人与保险人之间就商业健康保险需求与供给的信息不对称，也会对商业健康保险的价格制定产生一定的冲击，从而出现市场失灵。

不仅存在市场失灵，也存在政府失灵。政府失灵的原因主要有寻租、信息不对称和公共部门的低效等方面。就社会医疗保险来说，如果政府在进行医疗服务采购时存在寻租行为，可能导致医疗服务质量的下降或者医疗服务价格的抬高。关于信息不对称，一方面，由于医生与患者之间就医学专业信息的不对称，医生可能诱使患者做过多的检查，导致医疗费用过度增长；另一方面，医疗服务采购部门与医疗服务监督部门的信息不对称，也会导致医疗服务采购部门"瞒天过海"，采购质量较差的医疗物资和抬高医疗服务价格。公共部门由于人员冗余和部门之间的协调性较差，都会出现效率低下的现象。

社会医疗保险的强制性特征，可以极大地降低由于商业健康保险的信息不对称而产生的逆向选择和道德风险。商业健康保险以追求利润最大化为目标，在既定成本的基础上，会极大降低政府寻租的空间和控制医疗费用的过快增长。商业健康保险中的市场竞争机制，也会对公共部门的效率低下产生一定的抵充效应。因此，社会医疗保险与商业健康保险的有效衔接，能够适当缓解市场失灵和政府失灵的状况。

四、社会医疗保险与商业健康保险的社会民生性

"民生"一词在我国古代经典史集中如《左传·宣公十二年》《尚书·五子之歌》《孟子》等均有相关记载。有我们所熟知的"民生在勤，勤则不匮"

"民为邦本，本固邦宁""民为贵、社稷次之、君为轻"等。孙中山先生对民生的概念也有较为具体的描述：民生就是人民的生活，社会的生存，国家的生计，群众的生命。显然，孙中山先生的民生思想涵盖了个人、社会和国家三个层面，内容较为丰富。我们不难发现，近代民生理念的核心是人民基本生计，而现代民生观念涉及的范围在不断演变，已由物质生活扩展到社会、文化和环境等领域。因此，在不同经济社会发展阶段，随着民生问题的内容不同，民生理念也在不断演进。

反观中国财政体制的变迁，自中华人民共和国成立以来先后经历了"吃饭财政""建设型财政"和"民生财政"。面对中华人民共和国刚成立时的一穷二白、百废待兴，最先需要解决的是人们吃饭的问题；改革开放初期，如何引入更多的资本以驱动经济的快速发展成为了首要解决的问题。然而，发展的成果通过何种途径和形式惠及更多的人群，已然成为当前全社会关注的焦点。中国财政体制的变迁，暗示了不同的经济社会发展阶段民生问题的不同，体现了中国政府的民生理念由人们的基本生存到人的全面发展提升。民生的根本是消费，脱离消费谈民生犹如空中楼阁。随着经济的发展，中国老百姓的消费结构也在不断升级，由温饱型消费向发展型消费和保障型消费过渡。从财政支出的结构来看，中国政府在医疗、教育、养老、社会保障和住房保障等方面，不断地加大投入力度。中国财政支出结构的转变与中国老百姓消费结构转变的步调一致，揭示了政府在民生建设中一直发挥主导作用。

从理论上讲，政府在社会医疗保险等民生领域的支出，一方面，能够减少人们由于家庭的医疗、教育、养老、社会保障和住房等领域改革的不断提速带来的消费的不确定性，减少了家庭的预防性储蓄，从而提高了家庭的总体消费水平；另一方面，政府在社会医疗保险的支出项目与家庭某些医疗支出项目的重合，减少了家庭的大额刚性支出，提高了家庭的总体消费水平。商业健康保险与社会医疗保险一样，会减少个人或家庭的预防性储蓄，从而增加个人或家庭的日常消费，也就是说，商业健康保险不但可以提高个人或家庭的效用水平，而且对于扩大内需也起到了不可替代的作用。

众所周知，社会医疗保险支出具有刚性增长和不可逆性的特征，因此仅仅依靠政府承担医疗保障的支出责任，不利于财政资源的可持续发展，更不利于经济社会的健康发展。在社会医疗保险领域适当地引入市场机制，将看不见的"手"和看得见的"手"相结合，是缓解财政资源下行压力加大和不平衡的有效方式。社会民生不等于政府民生，医疗保障体系中的责任合理划分是社会医疗保险和商业健康保险两个主体能够充分发挥作用的前提，社会医疗保险应该以保证人们最基本的医疗需求为基础，对于超越基本的更高需求保障，应该交由商业健康保险来供给。同时在参与国家医疗保障体系建设过程中，商业健康保险也被赋予了一定的社会民生属性。就医疗费用筹资而言，在社会医疗保险中政府要承担更多的责任，而在商业健康保险中则更多体现的是家庭和社会的责任，责任范畴的不同促使商业健康保险能够弥补社会医疗保险筹资的不足。

第四章　财政分权下地方政府财政竞争与居民医疗保险

第一节　中国财政分权体制的发展历程

自改革开放以来，中国的财政分权体制改革大体上经历了两个阶段。第一阶段是 1978～1993 年中国由计划经济时期的中央政府统收统支的高度集权管理向财权逐步下放地方的探索阶段；第二阶段是 1994 年至今中央政府对地方政府由简单放权向分税制管理的规范发展阶段。

一、分税制前的财政分权体制

中国的财政体制由计划经济时期的高度集中、统收统支的管理模式向放权让利于地方的探索阶段，经历了很多尝试。1979 年开始在四川省和江苏省进行包干试点，四川省采取的办法是"划分收支、分级包干"，江苏省采取的办法是"收支挂钩、总额分成、比例包干、三年不变"。之后中央政府为了减轻财政压力，使地方政府承担更多的支出责任，将"分灶吃饭"扩展到了全国。

"划分收支、分级包干"全面开始于1980年，完全打破了中央高度集中和吃"风险大锅饭"的财政状况，中央与地方的财政收入具体划分为中央固定收入与地方固定收入，工商税作为中央和地方的调剂收入，相应地，中央与地方的支出责任界定为中央支出与地方支出。在明确中央与地方收支范围的基础上，确定地方政府的收支包干基数，即对于收入大于支出的地区，多余的数额按一定比例上缴中央财政。反之，则将一定比例的工商税调剂给地方，调剂后仍不足的地区由中央财政给予定额补助。①

1983年和1985年为了进一步调整中央与地方的财政关系，国家进行两步"利改税"，通过完善税制将企业的税收收入转为财政收入，而不是企业利润。同时包干制度遵循的办法也进行了相应的调整，在1985年将原来的"划分收支、分级包干"改为"划分税种、核定收支、分级包干"，即中央与地方的固定收入和共享收入，按照税种和企业的归属关系进行确定；1988年后中央对地方实施了多种形式的包干制度，如收入递增包干即中央与地方的分成，以1987年为基期参照各地最近几年的情况确定。

分税制之前中央政府对地方政府的财权交接表现出了分散小权和频繁多样的特征，而较大的改革发生的时间节点是1980年的"分灶吃饭"即"划分收支、分级包干"，1985年的"划分税种、核定收支、分级包干"以及1988年的财政大包干，随着包干制度的逐步放开，地方政府财政承包权也在逐渐上升。这几次的财政体制改革目标很明确，即为了激励地方政府努力发展当地经济，打破计划经济时期统收统支的财政体制，对地方政府的财政收支安排管得

---

①　杨志勇，杨之刚．中国财政制度改革30年［M］．上海：上海人民出版社，2008.

过死的局面，不断放权于地方，允许地方政府保留部分财政收入。

在改革初期，地方政府利益主体地位得到了凸显，地方政府的财政自主权扩大明显得到提升，地方政府发展经济的主动性和积极性得到了极大释放。但是，由于中央政府与地方政府的信息不对称和监督的相对滞后，不断出现地方政府做出有悖于包干制度初衷的道德风险行为，如地方封锁严重、地方政府财政资源向预算体制外转移、地方政府通过"藏富企业"的方式隐瞒财政收入增长、地方政府与中央政府就财政资源的讨价还价、中央政府宏观调控的失效等诸多问题。追其根源在于包干制度在放活了地方经济的同时，也"包死"了中央政府的财政收入增长，最明显的现象是中央政府的财政收入分别占 GDP 和全国财政收入比重的急剧下降，由 1978 年的 31.1% 下降到 1993 年的 12.3%，而中央政府财政收入占全国财政总收入的比重在 1978～1993 年期间一直在低于 50% 的区间内徘徊，到分税制改革前的 1993 年该比重仅为 22%。①

二、分税制后的财政分权体制

分税制改革是中国财政体制由简单放权向建立规范的财税体系过渡的重要标志，对于中国的财政制度建设具有重要意义。分税制改革的目的是扭转中央政府财政收入过低的局面，保证中央政府财政收入的稳定增长，提高中央政府的宏观调控能力，调节地区间财力的合理分配。分税制改革的重点内容是在明确中央政府和地方政府事权的基础上，确定各级政府财政支出的合理范围；依据财权与事权相结合的办法，将税种具体划分为中央税、地方税以及中央地方共享税，逐步建立中央和地方的税收体系，分别由中央和地方税务机关征管；科学核算地方政府的财政收入与支出额度，建立较为规范的中央政府对地方政

---

① 数据来源于 2015 年《中国财政年鉴》。

府的转移支付制度和税收返还制度；为了强化各级政府的预算约束，建立健全分级预算制度。① 具体内容如下：

（一）中央政府和地方政府的支出范围依照事权的划分

在分税制改革时，外交、国家安全、中央国家机关运转、协调地区经济发展、调整国民经济结构、宏观调控实施和中央直管的事业发展等方面的支出归属中央政府权责范围；地区经济事业发展和地区政权机关运转等方面的支出归属地方政府权责范围。但是在实际中，各级政府的事权划分并不明确，而且缺乏法律的约束。中央政府和地方政府的事权和职能出现了严重的同构现象，一些本应该由中央政府承担的事务，中央政府没有负担起来；另一些应该由地方政府承担的事务，中央政府却不愿意放手，多级政府共同管理事务，只能导致资源的浪费。为此，中央政府也在不断调整中央与地方的财政事权与支出责任范围，适度加强中央政府财政事权，确保地方政府财政事权的履行，减少并规范中央与地方共同财政事权（见表4-1）。

表4-1　中央与地方财政事权和支出责任划分的改革方向

事权与支出责任划分	
中央财政事权	国家安全、外交、国防、国防公路、出入境管理、国界河湖治理、全国性大通道、全国性重大传染病防治、全国性战略性自然资源使用和保护等
地方财政事权	受益范围性较强且与当地居民联系密切的基本公共服务，如农村公路、市政交通、社会治安、城乡社区事务等
中央与地方共同财政事权	高等教育、义务教育、公共文化、科技研发、基本医疗和公共卫生、基本养老保险、城乡居民医疗基本医疗保险、粮食安全、就业、跨地区重大基础设施建设、跨地区的环境保护与治理以及具有跨地区信息管理优势的基本公共服务

注：根据2016年8月16日国务院发布的《关于推进中央与地方财政事权和支出责任划分改革的指导意见》整理而得。

① 高培勇. 中国财税体制发展道路［M］. 北京：经济管理出版社，2013.

（二）中央政府和地方政府按税种划分收入

在分税制改革时，中央政府与地方政府按照事权和财权相结合的办法，按税种划分各自的收入。中央税是指维护国家权益，实施宏观调控所必需的税种；地方税是指适合地方政府征管的税种，中央与地方共享税则主要涉及与经济发展相关的税种。分税制出台后，中央政府与地方政府的征税税种划分和分成比例经历了多次调整，如证券交易税虽然设立在个别城市，但是其税源来自全国，因此应由中央与地方共享，中央与地方最开始的分成比例是各占一半。从 1997 年起，经过几次修改，2002 年确定为中央和地方分别占 97% 和 3%；"营改增" 从 2012 年上海 "1＋6" 开始试点到 2016 年全行业的收官，地方政府的征税税种中将不存在营业税，"营改增" 后中央政府与地方政府增值税的分成比例由原来的 75% 和 25% 变动为各占 50%。现在除了消费税和关税仍属于纯粹的中央税外，其他税种的分配情况如表 4－2 所示。

表 4－2　中央与地方当前的财政收入分配情况

收入来源		收入性质	分成比例（%）		说明
			中央	地方	
增值税		中央与地方共享	50	50	"营改增"完成后，中央和地方按五五分成，之前中央占 75%，地方占 25%
所得税（企业所得税）		中央与地方共享	60	40	三家政策性银行、四大国有商业银行、铁路运输、中国石化及中海油、国家邮政等企业不包括在内
资源税	海洋石油	中央与地方共享	100	0	海洋石油资源税归属中央，其他资源税归属地方
	其他资源		0	100	
证券交易印花税		地方固定收入	3	97	只有上海和深圳分享
营业税		地方固定收入	0	100	2016 年 5 月 1 日"营改增"彻底完成，该税种已不存在

续表

收入来源	收入性质	分成比例（%）		说明
		中央	地方	
城市维护建设税	地方固定收入	0	100	金融和保险总部、铁路部门集中缴纳的部分除外
其他税种	中央税包括消费税和关税；地方税包括房产税、契税、耕地占用税、印花税、土地增值税、烟叶税和城市土地使用税等			

资料来源：钟晓敏. 促进经济发展方式转变的地方财税体制改革研究［M］. 北京：经济科学出版社，2016.

（三）税收返还与转移支付制度

分税制改革将原属于地方政府的消费税和增值税（75%的收入）划入中央政府的本级收入范围，这样必然会对地方政府的税基造成冲击，为此制定了税收返还的办法。税收返还是中央政府为了顺利地进行分税制改革，保证地方政府的既得利益而实行的缓冲办法。税收返还的细则是以地方政府上划中央的净收入为基数，同时以分税制改革的前一年即 1993 年为基期，基数部分全部返还给地方政府，但随着分税制改革的进行，返还的数额将与上划的消费税和增值税（75%）的增长率相挂钩，1994 年 8 月确定的递增率系数为 1∶0.3，即各地区上划中央的消费税和增值税（75%）每增长 1 个百分点，中央向地方税收返还增长 0.3 个百分点，2017 年中央对地方的税收返还达到了 9138 亿元。[①]

在分税制改革之前，就存在中央对地方的一些补助形式，但是当时没有对这些补助形式进行明确的概念界定。分税制初期，中央财政能够调动的财力十分有限，只能先建立税收返还制度，经过一年的财政收入集中后才开始建立转

---

① 数据来源于财政部网站：www.mof.gov.cn/gkml/caizhengshuju/index_3.htm.

移支付制度。由于数据资料不全和中央财政的吃紧，最初的转移支付制度只用于过渡，算不上是规范的转移支付制度，如 1995 年，中央财政将增量收入中的 21 亿元转移支付给地方，获得转移支付的省份有 18 个；1996 年，中央对地方的转移支付计划进行了调整，转移支付的数额增加至 35 亿元，获得转移支付的省份增至 20 个。过渡期间的转移支付数额反映了各地区经济发展的真实情况，在一定程度上缩小了地区间的差异。

随着分税制管理的规范发展，转移支付制度也在逐步走向规范，当前的转移支付制度涵盖了一般转移支付和专项转移支付。一般转移支付是指中央财政对地方的补助（主要针对中西部地区），地方依据相关规定统筹安排和使用，主要用于解决基本公共服务均等化问题。补助内容涉及农村税费改革、工资调整、义务教育和均衡差异、民族、边境地区和革命老区等。专项转移支付制度是指中央财政承担、委托和共同承担相关事务的地方政府，予以指定用途的资金补助和奖励，主要用于解决跨省域外部性、中央与地方共同事权与支出责任和中央特定目标实现等问题，涉及内容涵盖农业、教育和社会保障等。2017年，中央对地方的一般转移支付数额和专项转移支付数额分别为 35030.49 亿元和 21481.51 亿元。[1]

当然，与现代的财政制度相比，当前的转移支付制度还存在诸多问题，如中央与地方事权不明确导致的转移支付结构不合理，一般转移支付种类繁多，专项转移支付范围过宽，转移支付管理存在漏洞，分配不够合理，信息透明度不够，均等化功能难以发挥等。为此，中央政府在强调合理划分中央与地方事权和支出范围的基础上，对一般转移支付制度进行整合和稳定增长机制的建

---

① 一般转移支付和专项转移支付的概念界定和数据分别来源于财政部和财政部预算司官方网站：http：//yss. mof. gov. cn/zhengwuxinxi/gongzuodongtai/201311/t20131129_ 1018397. html；http：//yss. mof. gov. cn/2017zyys/201703/t20170324_ 2565748. html。

立，在提高中央事权和支出比重的过程中减少委托地方政府的专项转移支付，加强对地方政府的专项转移支付的绩效管理。

（四）原体制上解

分税制改革后，原包干财政体制遗留的地方政府补助和上解办法继续保留。在原包干体制中，原实行定额上解和递增上解的地区仍按之前确定的标准和规定办法进行上解，而对于原实行分成和分税制试点地区，统一改为递增上解，原计划的标准是以 1993 年上解数额为基数，1994 年按递增率 4% 进行递增上解，但是从 1995 年起递增上解被取消，所有上解地区一律采用定额上解的办法。2009 年中央政府对地方上解进行规范，将其与给予地方的税收返还进行抵充。

第二节　中国财政分权与政府财政竞争

中国政府间的财政竞争始终与中国式的财政分权相并行，中国财政分权是中国政府间的财政竞争所遵循的规则，而中国政府间的财政竞争是遵循中国式财政分权的一定规律所进行的策略互动行为。

一、中国财政分权下地方政府财政竞争形成的原因

（一）中央政府与地方政府的委托—代理人关系

计划经济时期中央政府对地方政府统收统支的管理模式，使地方政府的利益难以独立，因此不存在地方政府间的财政竞争的机会和空间。"分灶吃饭"时期，中央政府对地方政府采取包干制的放权让利，促使地方政府对经济资源

的组织和安排的能力逐渐增强，地方政府独立的利益地位得到凸显，从而为地方政府间的利益博弈奠定了基础。随着中央政府对地方政府由简单的财权下放到规范的分税制改革，在这个过程中中央政府除了收缴地方政府一些财权外，更重要的是进一步强调了地方政府区域性事务管理的自主性，从而使地方政府的特殊经济地位得以巩固，地方政府间的财政竞争形势也越发激烈。

在不同阶段的财政分权体制改革中，中央政府与地方政府之间的关系可以形象地描述为厂商理论中的委托人与代理人之间的关系。对于中央政府来说，试图通过财政分权体制改革，促进各地区经济的发展和社会福利水平的提高。但是由于地方政府经济利益的相对独立，各地区会利用中央政府授予的经济资源配置权，追求自身利益的最大化，而这个过程也是地方政府财政竞争产生的本质。

（二）财政分权与政治晋升激励

中国当前财政分权体制恰好体现了政治集权和经济分权的双重特征。中央政府拥有对地方政府官员的任免权，地方政府的财政收入除了有限的税收收入外，中央政府的转移支付成为了地方政府财政收入的重要来源。因此，地方政府在晋升机制激励下，同时为了获得更多转移支付，可能会采取迎合中央政府政策的支出行为——各地方政府竞相增加某一方面的支出，这也是"中国式"财政竞争产生背后的复杂机理（李涛和周业安，2009）。总体来看，西方传统的财政竞争产生的根源是地方政府对有限资源的争夺，类似厂商为争夺更多的消费者而进行的竞争（曹荣湘和吴欣望，2004），是自下而上的竞争（Besley和Case，1995；Revelli，2005）。然而中国地方政府间的财政竞争的作用机理与西方传统财政竞争理论截然不同，中国的财政分权体制是经济分权与政治集权的集合，中央政府的政策变动对地方政府的财政收支决策会产生极大的影响，地方政府之间对竞争地区的财政收支状况会产生一定的预期，因此地方政府间的财政收支竞争是自上而下的竞争（Caldeira，2012）。

（三）财政体制的不完善

从地方政府间的税收竞争来看，西方的横向税收竞争理论中，假定地方政府间进行税收竞争的前提是地方政府拥有税收立法权，这样地方政府才能灵活调整税率，以降低地区的实际税负，吸引生产要素流入，参与地区间的税收竞争。在中国的分税制改革内容中，中央政府与地方政府虽然从征收税种上进行了划分，但是中央政府并没有赋予地方政府税收的立法权，实质的税收设定权力仍属于中央政府，从表面上看地方政府好像并不具备西方税收竞争理论所说的竞争条件。然而在地方政府与中央政府博弈的过程中，会变相获得一些改变地区实际税负的政策和策略，如税收优惠政策、税收返还以及财政补贴等。因此，中央政府虽然要统一税率，但在实际上名义税率的固定并不意味着地方政府就会受到束缚，地方政府可以通过变相地调整税率来降低辖区内的实际税率（谢贞发和范子英，2015）。

一般来说，转移支付制度中存在中央政府与地方政府的纵向转移支付制度、地方政府间的横向转移支付制度以及政府间纵向和横向并存的转移支付制度。分税制以来，我国建立了规范的纵向转移支付制度和不规范的对口支援横向转移支付制度。当前中央政府对地方政府的纵向转移支付制度包括一般转移支付制度和专项转移支付制度。在财政分权和晋升机制的作用下，地方政府在转移支付与中央政府博弈的过程中，强化了地方政府间的财政竞争。

（四）生产要素的流动

生产要素的自由流动是地方政府间财政竞争的经济和政治动力，地方政府间的税收竞争通过采取多样化的税收优惠政策，降低地区的实际税负，从而吸引资本和人口等生产要素的流入；地方政府的支出竞争，在促进地方政府对公共服务供给增加的同时，能够吸引人们的用脚投票和资本注入。随着我国市场化进程的加快和流动成本的降低，资本和人口等生产要素的流动速度也在加快，地区间的财税政策产生的互动外部性也在增强。

二、中国财政分权下政府财政竞争的变迁

通过对已有研究的梳理，自实行财政包干体制以来大致可以将中国政府间的财政竞争分为四种形式：第一种形式是中央政府与地方政府的纵向税收竞争；第二种形式是地方政府间的横向税收竞争；第三种形式是地方政府间的财政支出竞争；第四种形式是地方政府间的财政转移支付竞争。

（一）中央政府与地方政府的纵向税收竞争

通过对中国财政分权的发展历程的梳理，我们了解到自改革开放到实行分税制期间，财政分权主要以一系列的财政包干体制为表现，从 1979 年的财政包干体制的试点到 1988 年的财政大包干体制的实行，地方政府的财权不断扩大，地方政府与中央政府的纵向财政竞争能力也在不断增强。这个时期地方政府与中央政府的纵向财政竞争形式以纵向的税收竞争为主，而地方政府与中央政府纵向税收竞争的手段则体现在"藏富于民""预算外收入""厚此薄彼""突击应变"等。

"藏富于民"，具体来说，财政包干时期中央政府与地方政府税收收入分成的总体思想是地方政府将税收的一定比例上缴到中央政府，但是由于各个地区采取的分成方式不同，如存在"定额上缴""定额补助"以及中央政府参与税收收入的增量分配等，各地区所承受的税收负担也存在差异，这就为地方政府提供了"藏富于民"的空间。地方政府通常选择在保证完成中央所下派的基数的基础上，通过对企业降低征管力度、预算外收入和企业上缴利润等形式将税收收入进行变身，尽可能削弱分成基数。

"预算外收入"，具体来说，政府的收入可以分为预算收入和制度外收入，而预算收入又分为预算内收入和预算外收入，由于预算内外收入的征收原则不同，如前者是依法征收，后者是以规征收，因此预算外收入征收原则相对较弱，促使预算外收入成为地方政府财政包干时期名副其实的"第二财政收入"。

"厚此薄彼"，形象地描述了地方政府对于隶属于自身的税源进行特殊照顾，而对于由中央政府征收的中央税源则疏于培育的态度，以增加地方政府的本级财政收入的策略。分税制之前，由于企业是地方政府财政收入的主体，从而促使地方政府的利益与企业的发展捆绑在一起。而地方政府也就有动力在扶持企业上下功夫，并以此努力培育自己的税源和作为扩大预算外收入的重要渠道。分税制后，营业税成为了地方政府独立征收的税种，而增值税则是中央与地方共享税，因此地方政府选择亲营业税远增值税的税收征收策略（王娜和尚铁力，2017）。但是，随着"营改增"税收体制的全面改革，也不乏会出现地方政府与中央政府税收新的博弈策略。

"突击应变"，地方政府为了自身税收利益的最大化，当遇到财政体制重大变革时，会采取临时的税收征收策略，而这种做法具有一定的税收征收数额的时间不一致性。典型的例子可以追溯到 1994 年的分税制改革和 2001 年的所得税分享改革。面对即将实施的分税制改革，由于对中央政府集中上缴财权存在预期，并且地方政府通过征收"过头税"和"寅吃卯粮"等突击作业的方式，加大了中央政府对地方政府税收返还的基数，从 1992～1994 年期间的各地区的税收收入变动趋势可以显露些端倪，1992 年各地区的税收收入为 2243. 26 亿元，1993 年各地区的税收收入突增至 3371. 31 亿元，而 1994 年各地区的税收收入却猛然滑落至 2294. 91 亿元，大起大落的税收收入表明，地方政府在面对即将失去的财权时采取了与中央政府的机会主义博弈行为。再如所得税收入的分享方案，大体思路是分享范围和比例的确定是以 2001 年为基期，如果分享方案确定的地方政府所得税的收入大于实际的地方政府所得税收入，超出部分要作为上解中央政府的基数；反之，分享方案实施确定的地方政府所得税的收入小于实际的地方政府所得税收入，不足部分则由中央政府税收返还至地方政府。因此，如此逆顺的差异税收待遇政策，促使地方政府着重扩大2001年的税收基数。所得税的税收方案是于2002年10月正式出台的，2000年各地区企业所得税和个人所得税的征收总额分别为1051.81亿元和510.18亿元，2001年各地区的企业所得税和个人所得税的征收数额则突然上涨到1685.58亿元和716.01亿元，而2002年各地区的企业所得税和个人所得税的征收数额又大幅回落。①

（二）地方政府间的税收竞争

首先需要明确的是，中国的财政分权体制一直具有经济分权和政治集权的双重特征，一方面财政分权赋予了地方政府一定的财权和事权，另一方面地方政府官员的任命权在中央政府。所以财政分权的双重性也导致了地方政府官员身份的两面性，地方政府官员既是政治的参与者又是经济的参与者，地方官员不但进行经济竞争还要进行官职晋升的竞争。但总体来说，经济竞争是官职晋升的经济基础，而中央政府对地方政府官员采取的考核机制就成了地方政府进行经济竞争的目标。从1994年分税制改革到2008年民生财政的正式提出，这期间是中国经济高速增长的时期，在这个阶段中央政府考核地方政府官员的唯一指标是地区GDP的增长速度，为此地方政府间形成了"为增长而竞争"的态势。而作为拉动经济增长"三驾马车"之一的投资，由于见效快，因此自然而然地成为各地区加速经济发展所必须选择的竞争路径。

从理论上讲，中国的地方政府并不拥有西方税收竞争中的独立调整税率

---

① 高培勇. 中国财税体制发展道路［M］. 北京：经济管理出版社，2013.

权，但拥有税收优惠、税收返还和财政补贴等变相改变实际税率的政策和策略，这为地方政府间的税收竞争提供了技术上的支持。税收优惠政策通常包括税率优惠、税基优惠和税额优惠等几种形式。税率优惠通常是给流入本辖区的合规企业予以较低的税率，并借助降低纳税企业的实际税收负担的方式。降低税率是地方政府进行经济资源争夺时，采用的较为普遍的手段。地方政府的税收优惠结构，涵盖了增值税、营业税和企业所得税等多个税种。其中企业所得税的税率调整是国际间税收竞争的主要手段，同时也在我国地方政府间的税收竞争中表现得较为突出。税基优惠是通过一些间接的方式减少纳税人的应纳税额，如免征额、亏损结转、项目扣除、缩短折现年限等，主要对纳税人的计税依据放宽政策，从而降低纳税人的税收负担。税额优惠则是通过直接减少纳税人的应纳税额，来减轻纳税人的税收负担，采取的方式有免减税、税收抵免、税额扣除、投资抵免等方式。

税收返还是地方政府根据外来企业的投资和纳税情况，对其上缴的税收按一定比例返还给企业，确切地说，这是地方政府对合规企业给予一定的转移支付。与税收优惠政策一样，税收返还可以减轻企业的税收负担，因此也成为地方政府间税收竞争的方式之一。而财政补贴则很好理解，即地方政府给予进入辖区的企业一定无偿的转移支付形式，这种形式可以是直接的，也可以是时间不一致的隐性的支付形式。长期以来，中国的税收优惠政策具有明显的区域性特征，各地区的税收优惠政策多集中于能够带动当地经济增长的特定区域，如冠以高新技术开发区和经济技术开发区等名称的地区增长极。截至 2015 年，国家级高新技术开发区由 1988 年的 1 家增加到 145 家，而省级和市级的高新技术开发区则数不胜数。各地区的区域导向性税收优惠政策对于中国经济发展的贡献有目共睹，其中各地区的税收优惠竞争，对于资本要素的流动产生了税收负效应。

中国地方政府间的税收竞争的逻辑以及所带来的影响，可以表述为地方政府为了"招商引资"通过税收优惠政策、税收返还和财政补贴等政策和策略，降低本地区的实际税负，以吸引外界资本的流入，从而带动本地区经济增长，着实为中国经济增长提供了强劲动力，但也带来了一些问题。地方政府间的税收竞争，在降低各地区实际税负的同时，会在一定程度上减少地区的财政收入，间接地影响公共服务供给的规模和效率。地方政府间的生产性支出竞争，扭曲了地区的财政支出结构，从而出现了"重建设，轻科教文卫"的现象。

（三）地方政府间的支出竞争

当税收优惠政策成为各地区吸引资本流入的常用手段时，税收优惠政策给地区带来的资本流入的边际收益也在逐渐递减，这就促使地方政府寻找新的吸引资本流入的方式。通常来说，资本不仅仅流入到税负较轻的地区，同时还对流入地的人文地理和基础设施等软硬件有较高的要求，而地区的软硬件水平的提高，对资本流入同样能够起到与税收竞争相同的作用，如地区交通环境的改善可以降低企业产品的运输成本，最终会提高企业每单位成本的产出率。因此为了地区经济的快速增长，地方政府在采用税收优惠政策的同时，还要通过加大对本地区的基础设施建设，改善地区投资的公共环境，以增强地区吸引外界资本的魅力。地方政府间税收竞争与生产性支出竞争的并存，进一步强化了地方政府间为地区经济增长而进行的财政竞争。

然而，随着各地区经济的发展和公共环境的改善，地方政府也就失去了对税收竞争和生产性支出竞争的动力，同时随着中央政府对各地区民生发展重视程度的逐步提高，并且将各地区的医疗、教育、养老、社会保障和住房保障作为考核地方政府的重要指标，促使地方政府上演针对这些领域新的支出竞争。根据瓦格纳法则可知，民生领域的支出具有一定的不可逆性，因此各地区民生领域的高支出竞争，可能会倒逼地方政府进行新一轮的税收竞争。

（四）地方政府间的转移支付竞争

当前地方政府间的转移支付竞争，主要是为了获得中央政府对地方政府的纵向转移支付。纵向转移支付制度包括一般转移支付和专项转移支付，由于专项转移支付相对于一般转移支付具有明显的强制性和专款专用的特征，因此地方政府会将一般转移支付作为首选竞争战略。政府间的转移支付竞争相对税收竞争和支出竞争较为隐蔽，但是地方政府为了获得更多的中央政府的转移支付资源，在中央政府的税收政策和支出政策的主导下，表现出的税收竞争和支出竞争就较为明显。随着一般转移支付占比的上升，地方政府间转移支付竞争倾向和态势也会持续加大（龚辉，2017）。

第三节　地方政府居民医疗保险筹资竞争的形成

前文中提到，我国社会医疗保险涵盖了城镇职工基本医疗保险、城镇居民基本医疗保险和新型农村合作医疗等覆盖城乡各类人群的保险制度。我国的社会医疗保险从初步建立到规范发展，与分税制改革的时间跨度相重叠，而分税制与地方政府间生产性支出竞争的逻辑，同样适用于地方政府间的居民医疗保险竞争行为。在考核机制以 GDP 为纲的时期，中国地方政府间支出竞争的基本思路是在以经济绩效的官员晋升机制和财政分权体制的双重作用下，地方政府为了晋升和获得更多的中央政府转移支付，迎合中央政府的经济增长政策，进行生产性支出竞争。反观社会医疗保险，地方政府在以民生考核机制和财政分权体制的背景下，为了晋升和获得更多的中央转移支付资源，迎合中央政府的医疗保险政策，存在地方政府间居民医疗保险竞争的可能。

一、地方政府居民医疗保险筹资竞争的经济理论框架

假设存在 N 个地区并且每个地区都是同质的，为了简化，将代表性地区的政府支出分为生产性支出 p_i 和居民医疗保险筹资 g_i 两种。生产性支出相当于地方政府投资可以带动地区的经济发展，居民医疗保险筹资相当于地方政府对地区的健康人力资本的投入，同样会提高地区的经济发展水平。此外，将企业的单位劳动资本投入 k_i 考虑在内，那么代表性地区的生产函数可以表示为：

$$y_i = Ak_i^\alpha p_i^\beta g_i^\gamma \tag{4-1}$$

其中，α、β 和 γ 分别表示资本对产出的弹性、生产性支出对产出的弹性和居民医疗保险支出对产出的弹性。对于代表性地区的居民来说，如果居民的福利来源于日常消费 c_i 和享受的居民医疗保险的待遇水平 g_i，不妨假设追求社会福利最大化的地方政府对居民日常消费 c_i 的重视程度为 h_i，对居民医疗保险待遇的重视程度为 $1 - h_i$，政府的效用函数 $U(\cdot)' > 0$，$U(\cdot)'' < 0$，那么追求社会福利最大化的地方政府的效用函数可以表示为：

$$U(c_i, g_i) = h_i \ln c_i + (1 - h_i) \ln g_i \tag{4-2}$$

对于居民来说，收入主要来源于工资收入，且全部收入都用于居民的日常消费，那么居民收入预算约束可以表示为：

$$w_i = y_i - MP_k \cdot k_i = (1 - \alpha) Ak_i^\alpha p_i^\beta g_i^\gamma \tag{4-3}$$

对于地方政府来说，其财政收入来源于税收收入和中央对地方的转移支付收入 tr_i。如果存在居民医疗保险筹资竞争，那么代表性地方政府除了要考虑本地区的生产性支出和居民医疗保险筹资外，还要考虑临近地区的居民医疗保

险筹资情况。在不考虑地区间税收竞争的条件下，税率由中央政府统一规定为τ并只对产出征税，代表性政府对临近地区的居民医疗筹资存在一定的预期可以表示为$E(\delta g_j)$，那么代表性地区的财政预算约束可以表示为：

$$g_i + p_i - E(\delta g_j) \leqslant \tau y_i + tr_i \qquad (4-4)$$

由于居民工资收入全部用于日常消费，那么地方政府最优化问题可以表示为：

$$\max U(c_i,\ g_i) = h_i \ln(1-\alpha) A k_i^{\alpha} p_i^{\beta} g_i^{\gamma} + (1-h_i)\ln g_i \qquad (4-5)$$

$$\text{s. t. } g_i + p_i - E(\delta g_j) \leqslant \tau y_i + tr_i$$

最优解为：

$$g_i = \frac{[\gamma h_i + (1-h_i)]\tau y_i + [\tau h_i + (1-h_i)]tr_i + [\gamma h_i + (1-h_i)]E(\delta g_j)}{h_i(\gamma + \beta) + (1-h_i)}$$

$$(4-6)$$

$$g_j = \frac{[\gamma h_j + (1-h_j)]\tau y_j + [\tau h_j + (1-h_j)]tr_j + [\gamma h_j + (1-h_j)]E(\delta g_i)}{h_j(\gamma + \beta) + (1-h_j)}$$

$$(4-7)$$

将式（4-6）代入式（4-7）可得：

$$g_i = \emptyset \cdot \frac{1}{\left\{1 - \omega \cdot E\left[\dfrac{[\gamma h_j + (1-h_j)][\tau y_j + tr_j]}{h_j(\gamma + \beta) + (1-h_j)}\right]\right\}} \qquad (4-8)$$

其中，$\emptyset = \dfrac{[\gamma h_i + (1-h_i)][\tau y_i + tr_i]}{h_i(\gamma + \beta) + (1-h_i)}$，$\omega = \dfrac{[\gamma h_i + (1-h_i)]\delta}{h_i(\gamma + \beta) + (1-h_i)}$。

式（4-8）中，由于$\partial \ln g_i / \partial E(1-h_j) > 0$，即代表性地方政府的居民医疗保险筹资决策邻近地区的居民医疗保险偏好预期相关性为正时，存在地方政府间的居民医疗保险筹资竞争行为。

二、地方政府居民医疗保险筹资竞争的表象

（一）地方政府居民医疗保险筹资的增速与经济发展不同步

依据筹资主体来看，城镇居民基本医疗保险和新型农村合作医疗由政府和个人两部分组成，一直以来政府筹资在其中占据主导地位，2015 年城镇居民医疗保险筹资和新型农村合作医疗筹资中政府财政补贴占比分别为 75.2% 和79.83%。综观近几年的城乡居民医疗保险筹资水平，在居民医疗保险统筹和城乡大病医疗保险全面铺开的政策引导下，各地区筹资水平均实现了飞跃式的增长。2015 年城镇居民医疗保险人均筹资 515 元，同比 2011 年的 242 元增长2.13 倍；2015 年新型农村合作医疗人均筹资为 464.3 元，同比 2011 年的147.27 元增长 3.15 倍。从地方政府税收收入和城乡居民医疗保险的地方政府财政补助的增速来看，2011 ~ 2015 年地方政府的税收收入增长率为 8.79%，期间城镇居民医疗保险的地方政府财政补助增长了 29.88%，而新型农村社会医疗的地方政府财政补助只增长了 3.26%，因此地方政府城镇居民医疗保险的筹资增速与地方政府税收的增速相比极不协调。但是按照现行的城镇居民医疗保险筹资模式，在未来城乡居民医疗保险的全面统筹，会不断加大地方政府的医疗保险的事权，从而进一步扩大地方政府城乡居民医疗保险筹资与地方政府经济发展的差距①。

（二）地方政府居民医疗保险筹资竞争存在性检验

通常 Moran's I 是检验是否存在地方政府竞争行为的空间统计方法。空间Moran's I 通常包括全局莫兰指数和局部莫兰指数，本节采用的是全局莫兰指数，全局空间 Moran's I 是衡量经济变量空间相关性的统计指数，是两个经济

---

① 该部分的数据由相应年份的《全国医疗生育保险运行分析报告》和《新型农村合作医疗信息统计手册》的相关数据整理或计算得出。

代理人的经济行为空间交互效应的空间识别指数。通过 Moran's I 观察地区间的经济行为的敛散性，全局空间 Moran's I 公式可以表示为：

$$\text{Moran's I} = \frac{\sum_{i=1}^{n} \sum_{j=1}^{n} W_{ij}(Y_i - \overline{Y})(Y_j - \overline{Y})}{S^2 \sum_{i=1}^{n} \sum_{j=1}^{n} W_{ij}} \qquad (4-9)$$

其中，$S^2 = \frac{1}{n} \sum_{i=1}^{n} (Y_i - \overline{Y})^2$，$\overline{Y} = \frac{1}{n} \sum_{i=1}^{n} Y_i$，$Y_i$ 表示经济代理人的经济行为，这里是指地方政府居民医疗保险相关的经济指标；n 表示经济代理人的总数，这里是指省级行政单位总数；W_{ij} 为经济代理人的邻接权重矩阵中的元素，这里是指地方政府之间的邻接权重矩阵中的元素，而针对权重矩阵的设定在下文会进行详细介绍。一般情况下，全局 Moran's I 的值域是（-1，1），Moran's I 为 0 表示邻近的经济代理人的经济行为即地方政府间居民医疗保险相关经济行为不存在敛散性；Moran's I 在（0，1）表示邻接的邻近的经济代理人的经济行为即地方政府间居民医疗保险相关经济行为是收敛的，越大医疗保险经济行为越趋于收敛；Moran's I 在（-1，0）表示邻接的邻近的经济代理人的经济行为即地方政府间居民医疗保险相关经济行为是发散的。

在空间 Moran's I 的计算中，最重要的环节就是对空间权重矩阵的设定，因为地区之间的经济行为都是通过空间权重矩阵表现出来。空间权重矩阵通常的表现形式是二元对称矩阵，具体形式如下：

$$W = \begin{bmatrix} w_{11} & \cdots & w_{1n} \\ \vdots & \ddots & \vdots \\ w_{n1} & \cdots & w_{1n} \end{bmatrix} \qquad (4-10)$$

空间权重矩阵的表达方式有很多种，地理学第一定律认为，任何事物都是有联系，距离的远近使事物的亲疏不同，较近的事物之间联系更紧密。空间权重矩阵也是由地理学第一定律的基本思想进行的初始设定，如空间邻接权重矩阵和空间距离权重矩阵，后来由前两种权重矩阵衍生出来的空间经济权重矩阵、空间资源权重矩阵和空间技术权重矩阵等。在众多空间权重矩阵中，较为稳定的是传统的空间邻接权重矩阵和空间距离权重矩阵。空间邻接权重矩阵的设定方式为，如果两个地区接壤就设定为 1，不接壤就设定为 0。本节将采用这两种空间权重矩阵对地方政府的财政行为是否收敛进行检验，空间邻接权重矩阵和空间地理权重矩阵的公式如下：

$$W_{ij} = \begin{cases} 1, & i \text{ 与 } j \text{ 邻接} \\ 0, & i \text{ 与 } j \text{ 不邻接} \end{cases} \qquad (4-11)$$

$$W_{ij} = \begin{cases} 1/|d_{ij}|, & i \neq j \\ 0, & i = j \end{cases} \qquad (4-12)$$

表 4 - 3　居民医疗保险相关指标空间 Moran's I 检验结果

变量	I	E（I）	sd（I）	z	p - value
医疗保险筹资	0.118	- 0.007	0.051	2.435	0.015
实际住院支付比	0.099	- 0.007	0.052	2.046	0.041

注：为了降低异方差的出现概率，居民医疗保险筹资采用的是对数形式，通过两种空间地理权重矩阵计算，取较为显著的结果。

通过对居民医疗保险筹资相关指标空间 Moran's I 的计算，结果表明，地区间的居民医疗保险筹资和待遇支出趋于收敛，存在较强的竞争行为（见表 4 - 3）。

第四节　地方政府税收竞争与
居民医疗保险筹资竞争

中国式分税制下地方政府间的税收竞争形成条件：①过去以投资为主导的

经济增长模式，促使各地方政府将吸引资本流入作为首要目标；②地方政府税收竞争基本思想中，地方政府可以针对不同情况灵活安排税率。分税制以来，过去考核机制以 GDP 为纲的时期，中国地方政府间税收竞争的基本思路是在以经济绩效的官员晋升机制和财政分权体制的双重作用下，地方政府为了晋升和获得更多的中央政府转移支付，迎合中央政府招商引资的政策，采取税收优惠和税收先征后返等政策组合，吸引资本落户本地。由于资本资源的有限，各地方政府会竞相出台招商引资的优惠政策，来降低各地区的实际税负，从而出现了地方政府间的税收竞争。地方政府间的税收竞争与地方政府间的社会医疗保险竞争存在一定相关性，一方面，地方政府间的税收竞争带来的经济增长效应，给予了地方政府间社会医疗保险竞争一定的经济支持，但是由于地方政府间税收竞争带来的收益递减，这种经济效应也在减弱；另一方面，地方政府间的税收竞争在降低地区财政收入的同时，会加大社会医疗保险的财政压力，从而弱化地方政府社会医疗保险竞争程度。然而，随着地方政府间税收竞争动力的削减，这种替代效应也在降低。此外，在激烈的社会医疗保险支出竞争的状态下，会导致地方政府间税收竞争的加剧（邓子基和唐文倩，2012）。因此，接下来有必要对地方政府的税收竞争与地方政府的社会医疗保险筹资的关系进行现实与理论的探讨。

一、地方政府税收竞争的现状

（一）地方政府税收竞争的测度

对于地方政府间的税收竞争测度，同样有很多种方式，如广义税负、狭义税负和税收竞争指标。广义税负是地区的财政收入与地区 GDP 的比值；狭义税负是地区的税收收入与地区 GDP 的比值；某个地区的税收竞争努力程度是全国的税收收入占全国 GDP 的比重与某个地区的税收收入占该地区的 GDP 比重之比。前两个税收竞争指标体现了地区的绝对税负水平，后一个税收竞争指标体现的是地区间的税负相对于全国平均税负水平的变化，指数越高的地区的税负相对越低。鉴于本节仅是考量地方政府间的税收竞争程度，而没有考虑其他影响因素和研究方法的特殊要求，将这三种税收竞争指标分别进行计算，税收竞争指数测算的数据来源于 2011~2015 年《中国统计年鉴》（不包括港澳台和西藏）（见表 4-4~表 4-6）。三种税收竞争指数的具体表示如下：

$$\text{广义税收竞争} = \frac{\text{地区的财政收入}}{\text{地区的 GDP 总值}}$$

$$\text{狭义税收竞争} = \frac{\text{地区的税收收入}}{\text{地区的 GDP 总值}}$$

$$\text{相对税收竞争} = \frac{(\text{全国的税收收入}/\text{全国的 GDP 总值})}{(\text{地区的税收收入}/\text{地区的 GDP 总值})}$$

表 4-4　2011~2015 年各地区（除港澳台和西藏）平均广义税收竞争指数

地区	指数	地区	指数	地区	指数
北京	0.187	浙江	0.103	海南	0.152
天津	0.144	安徽	0.105	重庆	0.141
河北	0.080	福建	0.093	四川	0.105
山西	0.128	江西	0.111	贵州	0.145
内蒙古	0.101	山东	0.083	云南	0.131
辽宁	0.111	河南	0.074	陕西	0.112
吉林	0.086	湖北	0.089	甘肃	0.097
黑龙江	0.083	湖南	0.082	青海	0.103
上海	0.194	广东	0.115	宁夏	0.118
江苏	0.109	广西	0.089	新疆	0.129

表 4-5　2011~2015 年各地区（除港澳台和西藏）平均狭义税收竞争指数

地区	指数	地区	指数	地区	指数
北京	0.179	浙江	0.094	海南	0.129
天津	0.091	安徽	0.078	重庆	0.089

地区	指数	地区	指数	地区	指数
河北	0.061	福建	0.075	四川	0.078
山西	0.085	江西	0.081	贵州	0.103
内蒙古	0.071	山东	0.063	云南	0.098
辽宁	0.083	河南	0.053	陕西	0.076
吉林	0.063	湖北	0.064	甘肃	0.067
黑龙江	0.061	湖南	0.051	青海	0.081
上海	0.177	广东	0.093	宁夏	0.089
江苏	0.090	广西	0.059	新疆	0.094

表 4 – 6　2011 ~ 2015 年各地区（除港澳台和西藏）平均相对税收竞争指数

地区	指数	地区	指数	地区	指数
北京	0.468	浙江	0.889	海南	0.649
天津	0.921	安徽	1.073	重庆	0.947
河北	1.386	福建	1.113	四川	1.078
山西	0.987	江西	1.051	贵州	0.819
内蒙古	1.179	山东	1.327	云南	0.857
辽宁	1.051	河南	1.593	陕西	1.110
吉林	1.335	湖北	1.327	甘肃	1.265
黑龙江	1.368	湖南	1.641	青海	1.040
上海	0.476	广东	0.905	宁夏	0.944
江苏	0.931	广西	1.407	新疆	0.893

　　遴过对 2011 ~ 2015 年各地区的税收竞争指数的测算，结果发现，各地区的实际税负水平具有很大的差别，全国平均相对税收竞争指数一直维持在 1.05 左右，并且有一半以上的地区高于这一水平。足以可见，中国的地方政府在没有税收立法权的条件下，各地区的实际税负表现出了不一致，说明地方政府通过非正式的税率调整方式，展开税收竞争的空间较大。

（二）地方政府税收竞争存在性的检验

对于地方政府间的税收竞争是否存在，依然采用空间 Moran's I 进行检验。如表 4 - 7 所示，广义税收竞争、狭义税收竞争和相对税收竞争指数的 Moran's I 计算的结果存在一定的差异，其中广义税收竞争的结果为正，但是不显著；狭义税收竞争的计算结果显著为负；相对税收竞争的结果显著为正。出现这种现象很可能与地方政府间财政竞争的转变有关，在以投资驱动经济增长和考核机制是以 GDP 为纲的时期，地方政府为了招商引资，采取了一系列的税收优惠形式，以降低本地区的实际税负水平，吸引资本流入本地区。随着各地区经济的发展和地区公共服务水平的提高，税收优惠吸引资本的方式对各地方政府的吸引力参差不齐，而中央政府对于各地区民生福利水平的强调，促使地方政府由税收竞争转向以政府支出竞争为主。当前经济进入发展新常态和财税收入紧缩的阶段，面对刚性的民生支出，也不乏地方政府在倒逼机制的激励下进行税收竞争。所以，Moran's I 的检验结果也表现出了这个过渡时期的地方政府税收竞争的复杂性。

表 4 - 7　各种税收竞争指标空间 Moran's I 检验结果

变量	I	E（I）	sd（I）	z	p - value
广义税收竞争	0.043	- 0.007	0.052	0.972	0.331
狭义税收竞争	- 0.065	- 0.007	0.026	- 2.266	0.023
相对税收竞争	0.094	- 0.007	0.052	1.940	0.052

注：利用两种空间地理权重矩阵计算，取较为显著的结果。

二、地方政府税收竞争与居民医疗保险筹资竞争

（一）地方政府税收竞争与居民医疗保险筹资竞争的经济理论分析

同样假设存在 N 个地区并且每个地区都是同质的，为了简化，将代表性

地区的政府支出分为生产性支出 p_i 和居民医疗保险支出 g_i 两种。生产性支出相当于地方政府投资可以带动地区的经济发展，居民医疗保险支出相当于地方政府对地区的健康人力资本的投入，同样会提高地区的经济发展水平。此外，将企业的单位劳动资本投入 k_i 考虑在内，那么代表性地区的生产函数可以表示为：

$$y_i = A k_i^{\alpha} p_i^{\beta} g_i^{\gamma} \qquad\qquad (4-13)$$

其中，α、β 和 γ 分别表示资本对产出的弹性、生产性支出对产出的弹性和居民医疗保险支出对产出的弹性。对于代表性地区的居民来说，如果居民的福利来源于日常消费和享受的居民医疗保险的待遇水平，不妨假设地方政府追求居民日常消费 c_i 和居民医疗保险待遇 g_i 的最大化，且政府的效用函数 $U(\cdot)' > 0$，$U(\cdot)'' < 0$，那么追求社会福利最大化的地方政府的效用函数可以表示为 $U(c_i, g_i)$。

对于居民来说，收入主要来源于工资收入，且全部收入都用于居民的日常消费，如果代表性地方政府对流入地区的资本征收 t_i 税率，那么居民收入预算约束可以表示为：

$$w_i = y_i - MP_k \cdot k_i - t_i k_i = (1-\alpha) A k_i^{\alpha} p_i^{\beta} g_i^{\gamma} - t_i k_i \qquad (4-14)$$

对于地方政府来说，其财政收入来源于税收收入和中央对地方的转移支付收入 tr_i。如果存在居民医疗保险竞争，那么代表性地方政府除了要考虑本地区的生产性支出和居民医疗保险支出外，还要考虑邻近地区的居民医疗保险支出情况。在考虑地区间税收竞争的条件下，代表性政府对邻近地区的居民医疗支出存在一定的预期可以表示为 $E(\delta g_j)$，地方政府的税收仅来源于对资本的征收税收，那么代表性地区的财政预算约束可以表示为：

$$g_i + p_i - E(\delta g_j) \leq t_i k_i + tr_i \qquad\qquad (4-15)$$

由于居民工资收入全部用于日常消费，那么地方政府最优化问题可以表示为：

$$\max U(c_i, g_i) \tag{4-16}$$

$$\text{s. t.} \quad g_i + p_i - E(\delta g_j) \leq t_i k_i + tr_i$$

由式（4-16）构建拉格朗日方程：

$$\mathcal{L} = U((1-\alpha)Ak_i^\alpha p_i^\beta g_i^\gamma - t_i k_i, g_i) + \lambda(t_i k_i + tr_i + E(\delta g_j) - p_i - g_i) \tag{4-17}$$

一阶条件：

$$\frac{\partial \mathcal{L}}{\partial t_i} = U_{c_i}\left[F_{k_i} \cdot \frac{\partial k_i}{\partial t_i} \cdot k_i - \left(k_i + \frac{\partial k_i}{\partial t_i} \cdot t_i\right)\right] + \lambda\left(k_i + \frac{\partial k_i}{\partial t_i} \cdot t_i\right) = 0 \tag{4-18}$$

$$\frac{\partial \mathcal{L}}{\partial g_i} = U_{g_i} - \lambda\left(1 + \frac{\partial E(\delta g_j)}{\partial g_i}\right) = 0 \tag{4-19}$$

$$\frac{\partial \mathcal{L}}{\partial p_i} = U_{c_i}\left[F_{k_i}\frac{\partial k_i}{\partial p_i} + F_{p_i} - t_i\frac{\partial k_i}{\partial p_i}\right] - \lambda\left(1 - \frac{\partial k_i}{\partial p_i} \cdot t_i\right) = 0 \tag{4-20}$$

由式（4-19）和式（4-20）可得：

$$\frac{\partial E(\delta g_j)}{\partial g_i} = \frac{U_{g_i} - [1 - t_i F_{k_i}\varepsilon_{k_i t_i}/k_i(1 + \varepsilon_{k_i t_i})]U_{c_i}}{[1 - t_i F_{k_i}\varepsilon_{k_i t_i}/k_i(1 + \varepsilon_{k_i t_i})]U_{c_i}} \tag{4-21}$$

式（4-21）可以进一步化简为：

$$\frac{\partial E(\delta g_j)}{\partial g_i} = \frac{U_{g_i}/U_{c_i} - [1 - t_i F_{k_i}\varepsilon_{k_i t_i}/k_i(1 + \varepsilon_{k_i t_i})]}{[1 - t_i F_{k_i}\varepsilon_{k_i t_i}/k_i(1 + \varepsilon_{k_i t_i})]} \tag{4-22}$$

由式（4-22）可知，当 $U_{g_i} > U_{c_i}$ 且 $\varepsilon_{k_i t_i} < \dfrac{k_i F_{k_i}/t_i}{(1 + k_i F_{k_i}/t_i)}$ 时，$\dfrac{\partial E(\delta g_j)}{\partial g_i} > 0$，

即居民医疗保险给地方政府带来的边际效用大于消费给地方政府带来的边际效用，且本地区的资本税收弹性小于资本的相对实际税负时，该地区对其他地区的居民医疗保险支出预期上升，此时地区间的税收竞争会加剧地区间的居民医疗保险竞争；反之，当 $U_{g_i} > U_{c_i}$ 且 $\varepsilon_{k_i t_i} > \dfrac{k_i F_{k_i}/t_i}{(1 + k_i F_{k_i}/t_i)}$ 时，$\dfrac{\partial E(\delta g_j)}{\partial g_i} < 0$，即居

民医疗保险给地方政府带来的边际效用大于消费给地方政府带来的边际效用，

且本地区的资本税收弹性大于资本的相对实际税负时，该地区对其他地区的居民医疗保险支出预期下降，此时地区间的税收竞争会减缓地区间的居民医疗保险竞争。

（二）地方政府税收竞争与居民医疗保险筹资竞争的存在性检验

通过对各项税收竞争指标与居民医疗保险筹资交互项的空间 Moran's I 检验（见表 4－8），广义竞争交互项的 Moran's I 检验结果为负但不显著，狭义税收竞争交互项的 Moran's I 检验结果显著为负，相对竞争交互项的 Moran's I 检验结果显著为正，表明地方政府对税收竞争持有的复杂态度给地方政府的社会医疗保险竞争行为产生带来了不同的效应。

表 4－8　不同税收竞争指标与居民医疗保险筹资交互项的

空间 Moran's I 检验结果

变量	I	E（I）	sd（I）	z	p－value
广义税收竞争交互项	0.059	－0.007	0.051	1.282	0.200
狭义税收竞争交互项	－0.058	－0.007	0.026	－2.006	0.045
相对税收竞争交互项	0.085	－0.007	0.052	1.779	0.075

注：利用两种空间地理权重矩阵计算，取较为显著的结果。

第五节　地方政府税收竞争与居民医疗保险筹资竞争对居民医疗保险的影响

地方政府针对居民医疗保险的筹资竞争，如果在合理支出的范围内，且与经济发展同步，则有利于民生福祉的扩散。倘若地方政府为了官员晋升，从中央政府的"公共池塘"中获得更多的财政转移支付，过度地重视居民医疗保险筹资竞争，那么很容易会导致过度消耗医疗资源的"道德风险"的出现，以及减少本地区其他财政项目支出和扭曲合理财政支出结构的逆向选择，会进一步增加社会医疗保险的财政筹资压力，不利于社会医疗保险基金的可持续发展。此外，过度的城乡居民医疗保险筹资竞争，会加剧居民医疗保险的财政失衡，使地方政府居民医疗保险的财权和事权的不一致现象更加明显，增加中央政府与地方政府间的财政博弈成本，干扰中央政府与地方政府间的财政关系。

一、地方政府居民医疗保险筹资竞争与居民医疗保险财政压力

据财政部有关数据显示，2017 年全国一般公共预算收入同比 2011 年增长 7.4%，其中中央政府和地方政府的公共预算本级收入分别增长了 7.1% 和 7.7%；而全国的一般公共预算支出同比增长 7.7%，其中中央政府和地方政府的公共预算本级支出分别增长了 7.5% 和 7.7%[①]，意味着中国政府的财政预算进入到了收紧的时代。与此同时，2017 年居民基本医疗保险基金收入为 6095 亿元，同比增长 12.8%，基金支出为 5472 亿元，同比增长 14.4%，因此居民医疗保险收支的高速增长加剧了地方政府的居民医疗保险财政压力。通过对居民医疗保险筹资的 Moran's I 检验，结果表明，地区间的居民医疗保险筹资的空间相关性为 0.118，即地区间居民医疗保险的竞争额外产生了 0.118 个百分点的筹资费用。那么 2011～2015 年居民医疗保险的筹资，由于地方政府居民医疗保险筹资竞争导致每年额外增加了 3.52 个百分点的筹资费用，并且住院实际支付比的空间 Moran's I 检验结果为 0.099，所以地方政府居民医疗保险的待遇也存在竞争行为。同时由于这种竞争行为使每年产生的额外支出有

---

① 数据来源于财政部官网：http://gks.mof.gov.cn/zhengfuxinxi/tongjishuju/201801/t20180125_2800116.html。

0.099 个百分点，因此地方政府间的居民医疗保险竞争无形当中加剧了居民医疗保险约筹资压力和居民医疗保险基金运行的不稳定性。

二、地方政府居民医疗保险筹资竞争与居民医疗保险财政失衡

各地方政府在当前的财政分税体制和中央医疗保险政策的主导下，不断加大对城乡居民医疗基本医疗保险的筹资力度，从而导致了居民医疗保险筹资的财政失衡。以居民医疗保险筹资结构来说，2015 年中央政府财政补贴和地方财政补贴的占比分别为 31.8% 和 66.7%，居民医疗保险筹资纵向失衡严重。通过对城镇居民医疗保险筹资的 Moran's I 检验，由于地区间社会医疗保险的竞争额外产生了 0.048 个百分点的筹资，那么 2015 年居民医疗保险筹资中地方政府补助比例额外增加了 0.033 个百分点，[①] 从而进一步加剧了失衡的态势。随着城镇居民基本医疗保险和新型农村合作医疗的全面统筹，加之中央对地方政府的转移支付效率低下，在今后的城乡居民基本医疗保险筹资中，地方政府居民医疗保险竞争行为，对中央政府和地方政府的财政失衡的影响将会越来越大。

而当前地方政府间税收竞争态势的扑朔迷离，也在居民医疗保险筹资竞争的基础上，给居民医疗保险的财政压力和失衡带来了一定的不确定性。

第六节　本章小结

本章首先对改革开放以来的中国财政分权发展历程和伴随着财政分权演变

---

① 结合 2015 年《全国医疗保险运行分析报告》相关数据计算得出。

的政府间财政竞争的形式进行了详细的阐述。政府间的财政竞争是遵循财政分权规则进行的政府间的互动和博弈的形式。中国政府间的财政竞争表现出了多种形式，如中央政府与地方政府间的纵向税收竞争、地方政府间的税收竞争、地方政府间的支出竞争以及地方政府间的转移支付竞争等。总体来看，中央政府与地方政府间的纵向税收竞争多发生在财政包干时期，而分税制后的纵向税收竞争只有遇到税收体制重大变革时才会出现。在以 GDP 为纲的考核时期，地方政府间的税收竞争和生产生性支出竞争成为了该时期地方政府间的财政竞争形式，随着地方政府间的税收竞争带来收益的递减和公共环境的不断改善，地方政府间的税收竞争的动力也在减弱。在民生理念深入民心的当前，地方政府间的支出竞争也由生产性支出竞争逐渐转向民生支出竞争，而财政下行压力加大和经济进入发展的新常态，不乏会出现高民生支出竞争倒逼地方政府进行税收竞争的可能。

其次，由于政府间的支出竞争由生产性支出竞争转向民生支出竞争，因此地方政府可能会进行居民医疗保险筹资竞争。通过对地方政府间的居民医疗保险筹资竞争的经济理论分析，结果表明，地方政府的居民医疗保险决策受到邻近地区的居民医疗保险重视程度的预期为正时，存在地方政府间的居民医疗保险筹资竞争行为。随后通过对地方政府居民医疗保险筹资现状的阐述，以及对地方政府间居民医疗保险竞争的存在性检验，结果表明，地方政府间存在居民医疗保险的竞争行为。地方政府间的居民医疗保险竞争对居民医疗保险的财政压力和财政失衡带来的额外影响也是巨大的。

最后，由于自改革开放以来，政府间的税收竞争经历了中央政府与地方政府的纵向竞争、地方政府间的税收竞争以及在高民生支出竞争下可能存在的倒逼税收竞争。而地方政府间的税收竞争与地方政府间的居民医疗保险竞争存在一定相关性，一方面，地方政府间的税收竞争带来的经济增长效应，给予了地方政庥间居民医疗保险竞争一定的经济支持，但是由于地方政府间的税收竞争带来的收益递减，导致这种经济效应也在减弱；另一方面，地方政府间的税收竞争在降低地区财政收入的同时，会加大居民医疗保险的财政压力，从而弱化地方政府居民医疗保险竞争程度。然而，随着地方政府间税收竞争动力的削减，这种替代效应也在降低。此外，在激烈的居民医疗保险支出竞争的状态下，会导致地方政府间税收竞争的加剧。因此，考虑到地方政府税收竞争与居民医疗保险竞争的复杂性，对地方政府间税收竞争与地方政府间居民医疗保险竞争进行经济理论分析，结果表明，居民医疗保险给地方政府带来的边际效用大于消费给地方政府带来的边际效用，且本地区的资本税收弹性小于资本的相对实际税负时，该地区对其他地区的居民医疗保险支出预期上升，此时地区间的税收竞争会加剧地区间的居民医疗保险竞争；居民医疗保险给地方政府带来的边际效用大于消费给地方政府带来的边际效用，且本地区的资本税收弹性大于资本的相对实际税负时，该地区对其他地区的居民医疗保险筹资预期下降，此时地区间的税收竞争会减缓地区间的居民医疗保险筹资竞争。之后通过对地方政府税收竞争与地方政府居民医疗保险筹资竞争的检验，验证了地方政府对税收竞争持有的复杂态度，给地方政府的居民医疗保险筹资竞争行为的产生带来了不同的效应。

第五章　居民医疗保险筹资与商业健康保险发展：支出竞争视角

前文中对中国财政分权体制与居民医疗保险筹资竞争逻辑关系已经进行了详细的阐释，即在晋升竞争和经济分权的作用下，各地方政府为了迎合中央政府的医疗保险政策，会加大对居民医疗保险筹资的力度，从而出现地方政府间的居民医疗保险筹资竞争。而地方政府间的居民医疗保险筹资竞争，会导致居民医疗保险的财政压力加大和财政失衡加剧。本章以此为切入点，研究居民医疗保险筹资竞争对商业健康保险的影响。

第一节　居民医疗保险筹资竞争与商业健康保险发展的理论框架

一、居民医疗保险筹资竞争与商业健康保险发展的机理分析

商业健康保险是居民医疗保险的补充者，是医疗保障筹资体系中的重要组

成部分，可以在一定程度上减轻地方政府对居民医疗保险的筹资压力。同时商业健康保险又是居民医疗保险的有效竞争者，市场竞争机制是商业健康保险机构发展遵循的基本原则，一方面，商业健康保险机构通过市场竞争机制中的价格竞争，参与到城乡居民基本医疗保险和大病医疗保险的经办工作中，这在某种程度上能够降低地方政府的居民医疗保险非理性筹资对医疗资源价格产生的扭曲程度，进而缓解地方政府之间居民医疗保险筹资竞争态势；另一方面，商业健康保险不仅可以通过其消费的灵活性拓宽国家医疗筹资体系的覆盖范围，而且可以降低地方政府为了晋升和争夺更多的转移支付，迎合中央政府的医疗保障政策，而产生的过度消耗医疗资源的"道德风险"，以及降低针对居民医疗保险筹资的竞争程度。那么在当前财政分权下，居民医疗保险财政失衡和居民医疗保险筹资竞争导致的居民医疗保险财政压力的加大，会强化商业健康保险对居民医疗保险的补充作用和居民医疗保险筹资竞争缓冲剂的作用，从而进一步巩固商业健康保险的社会民生性地位。

但需要指出的是，如果地方政府之间出现针对居民医疗保险筹资的财政支出竞争，其在过度消耗医疗资源的同时，还会扭曲居民医疗保险与商业健康保险的关系，地方政府对居民医疗保险筹资过快，会在某种程度上挤压商业健康保险的发展空间。因此，居民医疗保险筹资竞争会对商业健康保险产生挤入和挤出两种效应。

二、居民医疗保险筹资竞争与商业健康保险发展的经济理论模型

本节基于 Davoodi 和 Zou（1998）的动态经济模型，在支出竞争的框架下，探讨居民医疗保险与商业健康保险之间的关系。财政分权赋予了地方政府一定的公共服务事权包括对居民医疗保险的筹资，并且在中国式财政分权体制下，地方政府官员为了晋升和争夺更多的中央政府的财政支持如转移支付，会进行

针对中央政府偏好的公共服务的财政支出竞争，因此假设有两个地区 i 和 j，这两个地区共同获得中央政府的转移支付为 tr，并且全部用于居民医疗保险筹资。

$$g_i + g_j = tr \qquad\qquad (5-1)$$

式（5-1）可以表示为：$g_i = \theta_i tr$，$g_j = \theta_j tr$，$\theta_i + \theta_j = 1$。

其中，θ_i 和 θ_j 分别是地区 i 和 j 获得中央转移支付的比例，在本书中表示中央与地方政府的博弈关系即财政分权程度。如果将 g_i 和 g_j 都用于政府的居民医疗保险筹资，那么在考虑资本存量和柯布—道格拉斯函数的基础上，政府居民医疗保险筹资与人均健康人力资本产出之间的关系可以表示为：

$$y = k^\alpha g_i^\beta g_j^\gamma \qquad\qquad (5-2)$$

其中，y 为健康人力资本生产函数，k 为资本存量，$\alpha + \beta + \gamma = 1$。假定代表性消费者只消费商业健康保险，并且商业健康保险带来的效用遵循 CRRA 效用函数形式，那么消费者一生的预期效用可以表示为：

$$\max \int_0^\infty \frac{h_t^{1-\delta} - 1}{1 - \delta} \cdot e^{-\rho t} dt \qquad\qquad (5-3)$$

假定政府在人均产出中征税比例为 τ，那么消费者的动态预算约束条件可以表示为：

$$\dot{k} = (1-\tau)y - h_t \qquad\qquad (5-4)$$

由式（5-3）和式（5-4）可以构建汉密尔顿方程：

$$H = \frac{h_t^{1-\delta} - 1}{1 - \delta} + \mu \left[(1-\tau)k^\alpha g_i^\beta g_j^\gamma - h_t \right] \qquad\qquad (5-5)$$

一阶最优条件：

$$h_t^{-\delta} = \mu \qquad\qquad (5-6)$$

由欧拉方程可得：

$$\dot{\mu} = \rho\mu - \mu \left[(1-\tau)\alpha k^{\alpha-1} g_i^\beta g_j^\gamma \right] \qquad\qquad (5-7)$$

对式（5－6）两边关于时间 t 求导可得：

$$-\delta h_i^{-\delta-1}\dot{h}=\dot{\mu} \tag{5-8}$$

结合式（5－7）和式（5－8）可得：

$$\dot{h}/h=\frac{\left[(1-\tau)\alpha k^{\alpha-1}g_i^{\beta}g_j^{\gamma}-\rho\right]}{\delta} \tag{5-9}$$

将 $g_i=\theta_i tr$，$g_j=\theta_j tr$，$\theta_i+\theta_j=1$ 代入式（5－9）可得：

$$\dot{h}/h=\frac{\left[(1-\tau)\alpha(tr/k)^{1-\alpha}(\theta_i)^{\beta}(1-\theta_i)^{\gamma}-\rho\right]}{\delta} \tag{5-10}$$

式（5－10）对 θ_i 求导可得：

$$\frac{\partial\dot{h}/h}{\partial\theta_i}=\frac{(1-\tau)\alpha(tr/k)^{1-\alpha}\left[\beta(\theta_i)^{\beta-1}(1-\theta_i)^{\gamma}-\gamma(\theta_i)^{\beta}(1-\theta_i)^{\gamma-1}\right]}{\delta} \tag{5-11}$$

将 $tr=g_i/\theta_i$ 代入式（5－11），并对 g_i 求导可得：

$$\frac{\partial\dot{h}/h}{\partial g_i\partial\theta_i}=\frac{(1-\tau)\alpha(1-\alpha)(g_i)^{-\alpha}(\theta_i k)^{\alpha-1}\left[\beta(\theta_i)^{\beta-1}(1-\theta_i)^{\gamma}-\gamma(\theta_i)^{\beta}(1-\theta_i)^{\gamma-1}\right]}{\delta}$$

$$\tag{5-12}$$

由式（5－12）可得，当 $\frac{\theta_j}{\theta_i}>\frac{\gamma}{\beta}$ 即地方政府之间财政支出竞争大于竞争地区与本地区居民医疗保险筹资弹性之比时，$\frac{\partial\dot{h}/h}{\partial g_i\partial\theta_i}>0$ 即随着财政分权度的上升，居民医疗保险会促进商业健康保险的发展；当 $\frac{\theta_j}{\theta_i}<\frac{\gamma}{\beta}$ 即地方政府之间财政支出竞争小于竞争地区与本地区居民医疗保险筹资弹性之比时，$\frac{\partial\dot{h}/h}{\partial g_i\partial\theta_i}<0$ 即随着财政分权度的上升，居民医疗保险会抑制商业健康保险的发展；当 $\frac{\theta_j}{\theta_i}=\frac{\gamma}{\beta}$ 即地方政府之间财政支出竞争等于竞争地区与本地区居民医疗保险筹资弹性之

比时，$\dfrac{\partial \dot{h}/h}{\partial g_i \partial \theta_i}=0$，此时居民医疗保险对商业健康保险的影响是中性的。上述结论表明了政府对支出竞争的重视程度不同，会使居民医疗保险筹资对商业健康保险的发展产生不同的效应，适当的地方政府支出竞争，会促使居民医疗保险筹资水平的提高，从而加大了居民医疗保险的财政压力，以至于需要商业健康保险来发挥补充作用。但是过度的地方政府支出竞争意识，会导致居民医疗保险筹资水平过快上涨，从而抑制商业健康保险的发展。

第二节　居民医疗保险筹资竞争与商业健康保险发展的实证分析

一、数据描述

本书数据选取主要是被解释变量商业健康保险支出，商业健康保险支出采用的是各地区人均商业健康保险的原保费收入，即各地区商业健康保险原保费收入/各地区人口总数，由于大连、青岛、宁波、厦门和深圳的数据单列，故将这五个城市的商业健康保险的原保费收入分别并入辽宁、山东、浙江、福建和广东后再进行人均处理。人均社会医疗保险筹资 = 城镇居民医疗保险筹资总额/参保人数。

核心解释变量是社会医疗保险筹资指标，采用的是城镇居民基本医疗保险筹资水平，使用该变量是出于以下两个方面考虑：一方面，城镇居民基本医疗保险筹资与商业健康保险支出同属于国家医疗保障筹资体系，可以体现社会医疗保险与商业健康保险的关系；另一方面，城镇居民基本医疗保险的筹资水平处于城镇职工基本医疗保险筹资与新型农村社会医疗保险筹资之间，比较中性，并且未来城乡居民医疗保险一体化建设对于城镇居民医疗保险的筹资影响较大，因此选择城镇居民医疗保险筹资水平作为社会医疗保险筹资的指标具有一定的代表性。

其他变量选取了与商业健康保险支出相关的经济特征、社会特征、医疗保险特征和财政特征等作为控制变量。具体来说，经济变量涵盖各地区的人均国内生产总值和产业结构，各地区人均国内生产总值 = 各地区国内生产总值/总人口数，产业结构调整 = 第二产业总值/第三产业总值。以考察经济发展的速度和产业结构调整的速度对商业健康保险支出的影响。

社会特征变量涵盖老年抚养比、城镇化和人口密度，老年抚养比 = 各地区65岁以上人口/各地区（14~64岁）总人口，城镇化 = 各地区城镇人口/各地区总人口，人口密度 = 各地区总人口/各地区行政区域面积。以考察劳动力替代程度、城市化进程以及人口分布对商业健康保险支出的影响。

医疗保险变量涵盖住院实际支付比、住院率、参保率等，实际住院支付比 = 住院支付总额/住院总费用，住院率 = 住院人数/每百人，参保率 = 各地区城镇居民参保人数/各地区总人口。以考察社会医疗保险的支付待遇、社会医疗保险发生的概率以及社会医疗保险的覆盖程度对商业健康保险支出的影响。

财政特征包括财政分权指标和政府对医疗卫生的重视程度，理论上财政分权指标包括财政收支指标和财政自由度两种，财政支出分权 = 人均预算内财政支出/（省内的人均预算财政支出 + 人均中央预算财政支出），财政收入分权 = 人均预算内财政收入/（省内的人均预算财政收入 + 人均中央预算财政收入），财政自由度 = 各地区预算内财政收入/各地区预算内财政支出。财政自由度和财政收支分权指标衡量的角度不同，财政自由度体现了地区之间财力的差异和地方政府利用财政资源的能力，财政收支分权指标反映了地方政府与中央政府的财政博弈关系。两种财政分权指标从不同角度衡量财政分权程度，当前中央政府相比地方政府拥有较高比例的财政资源，而地方政府财政财权和事权的不一致，以及地方政府的财政收入与财政支出严重脱钩，促使地方政府为了获得更多的转移支付资金，而迎合中央政府医疗保险政策，加大本辖区的财政支出，导致医疗保险的高支出竞争。这样既提高了地方政府的财政支出分权指标，又增加了地方政府的财政压力即本辖区的财政自由度指标。鉴于财政支出分权与财政自由度之间的这种相关性，并且二者能够体现不同的财政分权强度，在选择财政支出分权的基础上，引入财政支出分权与财政自由度的交互项，作为进一步的检验指标。

考虑到数据的可及性且 2010 年后居民医疗保险的相关政策的变动较大，因此各变量选取了中国大陆除西藏外的 30 个省级单位的数据，年份为 2011 ~ 2015 年。商业健康保险原保费收入的数据来源于历年中国保监会网站公布的相关数据信息，经济变量、财政分权变量和社会特征变量的数据来源于历年国家统计局网站发布的《中国统计年鉴》，医疗保险特征的数据来源于历年人力资源与社会保障部发布的《全国医疗生育保险运行分析报告》，其中人均商业健康保险支出和人均居民医疗保险筹资均消除了价格因素（以 2011 年 = 100 为基数），也在一定程度上消除异方差，提高计量模型的回归结果准确度，将人均商业健康保险支出和人均居民医疗保险筹资取对数值。

表 5 - 1　各变量指标

变量	指标衡量	单位
人均商业健康保险支出	各地区商业健康保险原保费收入/各地区总人口	元
人均 GDP	各地区国内生产总值/各地区总人口	元
产业结构	第二产业总值/第三产业总值	%

续表

变量	指标衡量	单位
城镇化	各地区城镇人口/总人口	%
老年抚养比	各地区65岁以上人口/（14~64岁）总人口	%
人口密度	各地区总人口/各地区行政区域面积	人/平方千米
住院实际支付比	住院支付总额/住院总费用	%
住院率	住院人数/每百人	%
参保率	各地区城镇居民参保人数/各地区总人口	%
财政自由度	各地区预算内财政收入/各地区预算内财政支出	%
财政支出分权	人均省内预算财政支出/（人均省内预算财政支出＋人均中央财政预算支出）	%
财政支出分权交互项	财政自由度×财政支出分权	%
政府医疗卫生重视程度	各地区医疗卫生支出/各地区财政支出	%

注：由于无法准确地计算城镇居民医疗保险的参保率，因此采用了地区城镇居民医疗保险占比。

二、空间面板计量模型设定

（一）空间 Moran's I 指数

空间 Moran's I 通常包括全局莫兰指数和局部莫兰指数，本节采用的是全局莫兰指数，全局空间 Moran's I 是衡量经济变量空间相关性的统计指数，是两个经济代理人的经济行为空间相关性的识别指数。在大部分空间计量经济模型研究中，全局空间 Moran's I 通常用作空间计量模型回归分析之前的先觉检验。全局空间 Moran's I 公式可以表示为：

$$\text{Moran's I} = \frac{\sum_{i=1}^{n}\sum_{j=1}^{n} W_{ij}(Y_i - \bar{Y})(Y_j - \bar{Y})}{S^2 \sum_{i=1}^{n}\sum_{j=1}^{n} W_{ij}} \qquad (5-13)$$

其中，$S^2 = \frac{1}{n}\sum_{i=1}^{n}(Y_i - \bar{Y})^2$，$\bar{Y} = \frac{1}{n}\sum_{i=1}^{n} Y_i$，$Y_i$ 表示经济代理人的经济行

为，这里指地方政府居民医疗保险筹资和商业健康保险支出；n 表示经济代理人的总数，这里指省级行政单位总数；W_{ij} 为经济代理人的邻接权重矩阵中的元素，这里指地方政府之间的邻接权重矩阵中的元素，而针对权重矩阵的设定在下文会进行详细的介绍。一般情况下，全局 Moran's I 的值域是（−1，1），Moran's I 为 0 表明邻近的经济代理人的经济行为即地区间商业健康保险支出和地方政府居民医疗保险筹资的空间相关性服从随机分布；Moran's I 在（0，1）表明邻接的邻近的经济代理人的经济行为即地区间商业健康保险支出和地方政府居民医疗保险筹资的空间相关性具有相似特征，越大空间的相关性越强；Moran's I 在（−1，0）表明邻接的邻近的经济代理人的经济行为即地区间商业健康保险支出和地方政府居民医疗保险筹资的空间相关性不具有相似特征。

（二）空间权重矩阵设定

空间权重矩阵的设定是空间计量模型的核心问题，空间权重矩阵设定的不准确，容易导致空间计量模型的估计结果有偏。在现有的关于空间计量模型的研究中，空间权重矩阵的设定可以分为地理权重矩阵、经济权重矩阵、技术权重矩阵和资源权重矩阵等。地理权重矩阵是空间权重矩阵的起源，较早的地理权重矩阵的思想较为简单，两个经济单位相邻为 1，不相邻为 0，即：

$$W_{ij} = \begin{cases} 1, & 相邻 \\ 0, & 不相邻 \end{cases} \quad (i \neq j) \tag{5-14}$$

地理学第一定律认为，任何事物都是有联系，距离的远近使得事物的亲疏不同，较近的事物之间联系更紧密。然而，这种权重矩阵的设定只能体现两个经济代理人之间是否邻近，不能衡量多个经济代理人之间的距离。针对这种地理权重矩阵设定的缺陷，演变出第二种地理距离权重矩阵，采用两个经济代理人之间的距离的倒数作为权重矩阵。该权重矩阵的表达式为：

$$W_{ij} = \begin{cases} 1/\left| d_{ij} \right|, & i \neq j \\ 0, & i = j \end{cases} \tag{5-15}$$

通过对商业健康保险支出和居民医疗保险筹资，进行空间 Moran's I 的计算，结果表明，商业健康保险支出和居民医疗保险筹资的空间 Moran's I 显著为正（见表5-2），这说明地区间的居民医疗保险筹资行为和商业健康保险购买行为均具有较为明显的相似特征，将居民医疗保险筹资和商业健康保险的空间相关性考虑在内是有必要的，并且为接下来的空间面板的计量回归分析奠定了基础。

表5-2　空间 Moran's I 指数计算结果

变量	I	E（I）	sd（I）	z	p - value[*]
人均居民医疗保险筹资	0.048	-0.007	0.026	2.090	0.037
商业健康保险支出	0.160	-0.007	0.026	6.400	0.000

注：采用空间距离权重矩阵进行计算。

（三）空间面板计量模型设定

通过对上述文献的梳理，空间计量模型已经广泛应用到地方政府财政支出竞争的研究中，空间计量模型可以很好地衡量不同地区经济代理人的经济行为的相互影响。然而，传统计量模型的独立同分布假设条件，在考虑到地区经济代理人经济行为相互影响的情况下难以成立，这也是空间计量模型得以发展的重要因素之一。本书采用空间计量模型，一方面，在考虑地方政府间的居民医疗保险筹资竞争对商业健康保险的影响；另一方面，各地区商业保险机构的网络平台建设和商业健康保险业务的竞争也具有一定的空间相关性。通常对于空间计量模型的设定主要有空间滞后模型和空间误差模型，空间滞后模型能够体现地区间的这种竞争行为，模型设定为：

$$H_{it} = \rho \sum_{1}^{n} w_{ij} H_{jt} + X_{it}\beta + c_i + v_{it} \tag{5-16}$$

其中，H_{it} 表示各地区人均商业健康保险支出水平；w_{ij} 表示空间地理权重矩阵的元素；X_{it} 涵盖居民医疗保险筹资核心解释变量，以及人均 GDP、产业结构、城镇化、老年抚养比、住院实际支付比、住院率、参保率、政府医疗卫生重视程度、财政分权指标等控制变量；c_i 表示 i 地区个体效应；v_{it} 代表误差项；ρ 为地区间商业健康保险支出的反应系数，当 $\rho > 0$ 时，地区间的商业健康保险支出存在攀比效应即竞争关系，当 $\rho < 0$ 时，地区间的商业健康保险支出存在溢出效应即替代关系，当 $\rho = 0$ 时，地区间的商业健康保险支出不存在空间相关关系。

由于与一般面板模型相比，空间面板计量模型的重要特征是考虑到了空间权重矩阵，如果直接用 β 来表明解释变量对被解释变量的反应系数，容易出现偏差。以截面数据模型为例：

$$H = \rho \sum_{1}^{n} w_{ij} H + X\beta + l_n\alpha + \varepsilon \tag{5-17}$$

其中，H 表示各地区人均商业健康保险支出水平；w_{ij} 表示空间地理权重矩阵的元素；X 涵盖居民医疗保险筹资核心解释变量和其他控制变量；ε 代表误差项。式（5-17）可以转化为：

$$H = (I_n - \rho W)^{-1} X\beta + (I_n - \rho W)^{-1} l_n\alpha + (I_n - \rho W)^{-1}\varepsilon \tag{5-18}$$

其中，$W = \sum_{1}^{n} w_{ij}$ 表示空间地理权重矩阵的元素。式（5-18）可以进一步简化为：

$$H = \sum_{r} S_r(W) X_r + V(W) l_n\alpha + V(W)\varepsilon \tag{5-19}$$

其中，$\partial H_i / \partial X_{ir} = S_r(W)_{ii}$ 表示直接效应即空间经济单位的解释变量对于商业健康保险支出的影响；$\partial H_i / \partial X_{jr} = S_r(W)_{ij}$ 表示间接效应即其他空间经济单

位的解释变量对于该空间单位的商业健康保险支出的影响，直接效应与间接效应之和为总效应（勒莎杰和佩斯，2014）。由于空间面板滞后模型的求导过程较为复杂但原理与截面数据一样，这里就不进一步做详细说明，在后面的实证部分会对这几种效应进行详细阐述。

空间误差模型与空间滞后模型的区别在于考虑不可预测因素的空间相关性，模型设定为：

$$H_{it} = X'_{it}\beta + e_i + \gamma_t + \varepsilon_{it} \qquad (5-20)$$

$$\varepsilon_{it} = \lambda \sum_{1}^{n} w_{ij}\varepsilon_t + v_{it}$$

其中，$W = \sum_{1}^{n} w_{ij}$ 表示空间地理权重矩阵的元素。当 $\lambda > 0$ 时，误差项存在正的空间相关性；当 $\lambda < 0$ 时，误差项存在负的空间相关性；当 $\lambda = 0$ 时，误差项不存在空间相关性。

由于考虑到变量的空间相关性，促使传统经典线性回归要求的独立同分布的假说不再成立，因此普通最小二乘估计在这种情况下不再适用。本书采用使用较为普遍的极大似然估计（MLE）对空间面板计量模型进行估计。接下来，我们进行地理权重矩阵的空间面板计量模型的检验。

三、估计结果及分析

在进行空间面板计量回归分析过程中，对于空间面板计量模型是选择固定效应还是随机效应，Hausman 检验结果表明财政支出分权模型数值在5%水平上显著拒绝原假设，应该选择固定效应。由于财政分权支出交互项模型的检验结果为负值，同样在空间面板误差模型中，财政支出分权和财政支出分权交互项的 Hausman 检验结果也为负值，因此无法判断选择哪种效应，为便于比较，都选择固定效应模型。

从财政支出分权模型估计的结果来看，ρ 显著大于 0，说明各地区的商业健康保险的发展存在较强的攀比效应或竞争效应。居民医疗保险筹资对商业健康保险支出的直接效应显著为负，说明本地居民医疗保险筹资水平的提高对本地商业健康保险支出产生了挤出效应。一方面，居民医疗保险筹资不平的提高会对居民医疗保险产生财政压力，从而促使商业健康保险的补充作用得以发挥；另一方面，居民医疗保险筹资过快，会过多地挤占医疗资源，从而限制商业健康保险发展的空间。实证结果表明，居民医疗保险筹资水平的过快增长给商业健康保险带来的挤出效应要大于挤入效应。居民医疗保险筹资对商业健康保险支出的间接效应不显著，由于财政支出分权指标不足以体现财政支出压力，因此有必要通过财政分权与财政自由度的交互项，做进一步检验。此外，也说明各地方政府在当前财政分权体制下财权和事权的不统一，需要在发展商业健康保险等高端服务业和基本保障的高支出中进行权衡（见表5-3）。

表5-3　财政支出分权、居民医疗保险筹资与商业健康保险的

空间面板滞后模型估计结果

变量	直接效应	间接效应	总效应
人均医疗筹资	-0.1128848 *	-0.1663398	-0.2792246
	(0.06768644)	(0.1247368)	(0.1860148)
人均 GDP	0.714308	1.088507	1.802815
	(0.4577278)	(0.8999218)	(1.317859)
产业结构	-0.2987129 ***	-0.4171315 **	-0.7158444 **
	(0.1118779)	(0.2105344)	(0.2958755)
人口密度	-0.0151075	-0.0229026	-0.0380101
	(0.0172174)	(0.0283763)	(0.0445288)
城镇化	2.318559 *	3.041077 *	5.359636 **
	(1.217877)	(1.668365)	(2.723685)

续表

变量	直接效应	间接效应	总效应
老年抚养比	3.952508 ***	5.504722 ***	9.45723 ***
	(1.048085)	(2.019694)	(2.650645)
政府医疗卫生重视程度	5.015127 **	6.878699 **	11.89383 **
	(2.184657)	(3.223574)	(5.002135)
住院实际支付比	−0.7606275 **	−1.151956	−1.912583 *
	(0.3692869)	(0.8153397)	(1.13717)
住院率	2.251563 **	3.246983 *	5.498547 **
	(0.8889972)	(1.755163)	(2.483741)
参保率	−0.0068493	−0.0069221	−0.0137713
	(0.0347836)	(0.0578627)	(0.0914264)
财政支出分权	1.271681	1.606938	2.878619
	(1.611276)	(2.409647)	(3.939989)
ρ	17.78497 ***		
	(2.151108)		
Log – likelihood	142.3303		
Hausman 检验	0.0000		
R^2	0.0819		

注：*** 、** 、* 分别为在 1% 、5% 和 10% 水平上显著；圆括弧内为标准差。

　　从其他控制变量对商业健康保险支出的估计结果来看，产业结构对商业健康保险的直接效应和间接效应显著为负，说明无论是本地的产业结构调整，还是邻近地区的产业结构调整，都抑制了本地商业健康保险的发展。一方面，各地区产业结构调整的集群式相对滞后，严重阻碍了商业健康保险等高端服务的发展；另一方面，各地区产业结构调整的不协调和不一致，也对商业健康保险等高端服务业的发展产生了负面影响。虽然人均 GDP 与商业健康保险的直接效应和间接效应均为正但不显著，一方面经济的发展给商业健康保险的发展提供了良好的经济基础，另一方面商业健康保险等高端服务业的发展滞后于经济发展要求的转型速度，因此经济发展对于商业健康保险发展的促进作用表现得不明显。

城镇化对商业健康保险的直接效应、间接效应和总效应显著为正，无论是本地的城镇化还是邻近地区的城镇化进程的加快，都有利于商业健康保险支出的增加，并且邻近地区城镇化进程的加快对本地的商业健康保险效应，超过了本地城镇化对商业健康保险的效应，说明城市群和城市带的区域一体化的发展，加强了商业健康保险信息的流动，增强了整个区域内人们对商业健康保险的投保意识。老年抚养比对商业健康保险支出的直接效应、间接效应和总效应显著为正，随着老年抚养比的不断下降，家庭对老年人的抚养能力在不断下降，同时增加了家庭关于老年人的医疗保险风险意识和对其他医疗保障途径的寻求，因此家庭对商业健康保险的需求也就随之上升，并且这种现象在各个区域间产生了共鸣。住院实际支付比对商业健康保险的直接效应显著为负，间接效应和总效应不显著，一方面居民医疗保险报销待遇的提高，在一定程度上挤出了商业健康保险发展的空间；另一方面由于居民医疗保险报销的归属地限制和异地报销的困难，使得其他地区的居民医疗保险报销对本地的商业健康保险影响不显著，因为商业健康保险的市场行为不会受到地域限制，所以这也为商业健康保险发展提供了契机。

住院率对商业健康保险的直接效应显著为正，说明本地住院率的提高促进了本地商业健康保险的发展，一方面住院率的提高增加了人们分散风险意识，从而对商业健康保险的需求增加；另一方面住院率的上升增加了居民医疗保险的报销概率和支出规模，加大了居民医疗保险支出的财政压力，间接地强化了商业健康保险的补充作用。住院率对商业健康保险的间接效应显著为正，说明邻近地区的住院率上升会带动本地商业健康保险的发展，一方面由于医疗资源的有限会使相邻地区的居民异地就医，这样容易提高流入地区居民的疾病风险防范意识，从而增加商业健康保险支出；另一方面居民医疗保险报销政策的限制，导致居民异地就医成本较高，促使人们通过购买商业健康保险的方式来强化患病后的保障功能。参保率对商业健康保险的直接效应和间接效应为负但不显著，社会医疗保险覆盖人群的扩张会挤占商业健康保险可争取的人口基数，但随着人们对医疗保障需求的提高，这种挤占效应表现得就不是很明显。

从政府医疗卫生重视程度对商业健康保险的影响来看，直接效应、间接效应和总效应均显著为正。一方面，各地方政府的医疗卫生决策行为显示了辖区的居民医疗保健的偏好，这从当前人们消费结构的转变可以看出，正是人们对医疗保健偏好，使与医疗保健相关的商业健康保险也得以受到青睐；另一方面，政府对医疗卫生重视程度的提高，加大了政府对基本医疗保险的投入力度，从而增加了居民医疗保险的财政压力，这变相地对商业健康保险产生了挤入效应。而地方政府对医疗卫生的重视程度对商业健康保险的间接效应显著为正，说明商业健康保险还会受到邻近地区医疗卫生决策的影响，间接地表明地方政府间存在针对居民医疗保险等医疗卫生领域的竞争意识。财政支出分权对商业健康保险的直接效应、间接效应和总效应为正但不显著，有必要通过财政支出分权与财政自由度的交互项做进一步的检验（见表5-4）。

表5-4　财政支出分权交互项、居民医疗保险筹资与商业健康

保险支出的空间面板滞后模型估计结果

变量	直接效应	间接效应	总效应
人均医疗筹资	-0.1602226 ** (0.0673057)	-0.2429851 * (0.1459854)	-0.4032077 ** (0.2037256)
人均GDP	0.8295633 * (0.4468344)	1.295602 (0.9500749)	2.125165 (1.351685)
产业结构	-0.257018 ** (0.1073571)	-0.373331 ** (0.1958971)	-0.630349 ** (0.2843283)

续表

变量	直接效应	间接效应	总效应
人口密度	− 0.015943	− 0.0251445	− 0.0410875
	(0.0168296)	(0.0294532)	(0.0452732)
城镇化	3.480705 ***	4.882481 ***	8.363186 ***
	(1.188112)	(1.682994)	(2.5545)
老年抚养比	3.206263 ***	4.617325 **	7.823589 ***
	(1.037249)	(1.815541)	(2.557453)
政府医疗卫生重视程度	4.012506 **	5.79709 **	9.809595 ***
	(1.90267)	(2.844778)	(4.455343)
住院实际支付比	− 0.5135648	− 0.8111059	− 1.324671
	(0.3649284)	(0.6565521)	(0.9949273)
住院率	2.088914 **	3.106664 *	5.195578 **
	(0.8603988)	(1.635984)	(2.357066)
参保率	− 0.0103597	− 0.0138386	− 0.0241982
	(0.0329914)	(0.0564477)	(0.0884097)
财政支出分权交互项	− 1.13074 ***	− 1.685446 **	− 2.816187 ***
	(0.3668209)	(0.8062577)	(1.093301)
ρ	18.10737 ***		
	(1.989188)		
Log – likelihood	146.1816		
Hausman 检验	− 48.50		
R^2	0.0776		

注：＊＊＊、＊＊、＊分别为在1％、5％和10％水平上显著；圆括弧内为标准差。

从财政支出分权与财政自由度交互项的估计结果来看，与财政支出分权估计的结果相比，居民医疗保险筹资与商业健康保险支出的直接效益、间接效应和总效应均显著为负，说明尽管考虑了财政压力分权指标，但是各地区的居民医疗保险筹资竞争导致的居民医疗保险筹资过快，严重挤压了商业健康保险的发展空间，而财政支出分权、财政自由度交互项及商业健康保险支出显著为负，间接地证明了这一点。其他解释变量的估计结果与之前的估计结果基本一致，说明空间滞后模型的估计结果是稳健的（见表5－5）。

表5－5　居民医疗保险筹资与商业健康保险的空间面板误差模型估计结果

变量	模型1	模型2
人均医疗筹资	− 0. 1703872 ** (0. 0798188)	− 0. 1967879 ** (0. 078343)
人均 GDP	0. 9532047 ** (0. 4194283)	0. 8876644 ** (0. 4095758)
产业结构	− 0. 3141123 *** (0. 1083934)	− 0. 2763403 *** (0. 1042076)
人口密度	− 0. 0135301 (0. 0153671)	− 0. 0134907 (0. 0150293)
城镇化	2. 630142 ** (1. 326994)	3. 386139 *** (1. 31055)
老年抚养比	3. 609611 *** (1. 043748)	3. 057465 *** (1. 028403)
政府医疗卫生重视程度	4. 302326 (2. 729159)	3. 468868 (2. 428752)
住院实际支付比	− 0. 7421183 * (0. 4332891)	− 0. 6311456 (0. 4261922)
住院率	2. 23032 ** (0. 8733903)	2. 021618 ** (0. 857281)
参保率	− 0. 0115808 (0. 0338203)	− 0. 0164613 (0. 03291)
财政分权	0. 9143344 (1. 643187)	− 1. 021686 *** (0. 3957941)
λ	26. 63516 *** (0. 9349593)	26. 73534 *** (0. 8878536)

续表

变量	模型1	模型2
Log – likelihood	133. 0437	136. 1483
Hausman 检验	– 16. 38	– 29. 43
R^2	0. 6726	0. 6801

注：＊＊＊、＊＊、＊分别为在1%、5%和10%水平上显著；圆括弧内为标准差；模型1是财政支出分权指标的回归结果，模型2是财政支出分权与财政自由度交互项的回归结果。

从财政支出分权和财政交互项的空间误差模型的估计结果来看，居民人均医疗保险筹资与商业健康保险支出显著为负，说明在考虑了不可预测的情况下，居民医疗保险的筹资同样会挤占商业健康保险支出，并且其他解释变量的估计结果与空间滞后模型的估计结果一致，间接地验证了空间滞后模型估计结果的稳健。

第三节　城乡居民医疗保险政策的进一步检验

一、城乡居民医疗保险统筹简况

2010 年天津市率先在全国实施城乡居民基本医疗保险的整合，随后上海、山东、广东、重庆、宁夏、青海等地区也进行了城乡居民基本医疗保险的统筹。2017 年《全国医疗生育保险运行分析报告》显示，2016 年 6 月城乡居民基本医疗保险的全面整合进入倒计时阶段，截至 2017 年 1 月已有 22 个省市出台了城乡居民基本医疗保险的整合方案和时间安排。城乡居民基本医疗保险的统筹可能会进一步加剧居民医疗保险的筹资竞争，从而加剧地方政府的财政压力。因此有必要考察城乡居民医疗保险统筹给商业健康保险带来的经济效应。

二、城乡居民医疗保险政策对商业健康保险支出的经济效应分析

（一）假设提出与模型设定

合成控制法是对试点地区政策效果评估的有效方法，考虑城乡居民医保统筹政策，基本思路是通过寻找未受统筹政策干扰的地区作为试点地区的控制组。选择控制组的方法是，将除了处理组外的未实施城乡居民医疗统筹政策的地区进行线性组合，构造一个拟合的试点地区，并将城乡居民医疗统筹政策真实试点的地区与拟合的试点地区进行比较，进而评估商业健康保险发展的政策效果。

假设存在 $J+1$ 个地区，1 表示城乡居民医疗统筹政策和政策试点地区，J 表示未发生城乡居民医疗统筹政策的地区，我们观测这些地区 T 期的商业健康保险支出情况。如果 T_0 表示城乡居民医疗统筹政策试点年份，那么 $1 \leq T_0 \leq T$。h_{it}^N 表示地区 i 在时间点 t 没有受到城乡居民医疗统筹政策影响的商业健康保险发展状况。当 $t \leq T_0$ 时，有 $h_{it}^N = h_{it}^I$，即城乡居民医疗统筹政策之前不存在商业健康保险的经济效应；当 $T_0 \leq t \leq T$ 时，有 $\alpha_{it} = h_{it}^I - h_{it}^N$，即城乡居民医疗统筹政策给商业健康保险带来的经济效应。为能综合体现这两种现象的存在，引入是否受城乡居民医疗统筹政策影响的哑变量 D_{it}，倘若地区 i 在 t 时开始城乡居民医疗统筹政策试点，则 $D_{it}=1$，否则 $D_{it}=0$，因此可观测在 t 时刻的地区整体商业健康保险发展状况，可以表述为 $h_{it} = h_{it}^N + \alpha_{it} D_{it}$。由于在假设中仅仅第 1 个地区在时间节点 T_0 受到城乡居民医疗统筹政策的影响，因此只对 α_{it} 进行估计，目标模型可以设定为：

$$\alpha_{it} = h_{it}^I - h_{it}^N = h_{it} - h_{it}^N \qquad (5-21)$$

其中，h_{it} 表示可以观测到的处理组的实际商业健康保险支出水平，h_{it}^N 表示处理组未实施城乡居民医疗统筹政策时的商业健康保险支出情况，我们在估计

α_{it}之前需要对h_{it}^N进行估计,在这里构建"反事实"变量h_{it}^N的模型:

$$h_{it}^N = \delta_t + \theta_t Z_i + \lambda_t \mu_i + \varepsilon_{it} \qquad (5-22)$$

其中,式(5-21)为商业健康保险支出的潜在方程,λ_t表示不可观测到的公共因子的维度为$1 \times F$,ε_{it}表示不可观测暂时性的冲击,均值为0,地区固定效应误差项μ_i维度为$F \times 1$,Z_i表示不受城乡居民基本医疗保险统筹影响的控制变量,对于估计城乡居民基本医疗保险统筹地区,假设没有城乡居民基本医疗保险统筹时的h_{it}^N,则需要通过对对照组地区的加权来模拟出这种特征。而模拟的关键在于如何寻找地区权重,假设$w = (w_2 \cdots w_{J+1})'$,其中的元素均为非负并且表示的是在合成城乡居民基本医疗保险统筹地区所占的权重,所有元素相加为1。

$$\sum_{j=2}^{j+1} w_j h_{it} = \delta_t + \theta_t \sum_{j=2}^{j+1} w_j Z_j + \lambda_t \sum_{j=2}^{j+1} w_j \mu_i + \sum_{j=2}^{j+1} w_j \varepsilon_{it} \qquad (5-23)$$

如果存在$w^* = (w_2^* \cdots w_{j+1}^*)'$符合:

$$\sum_{j=2}^{j+1} w_j^* h_{jt} = h_{11}, \cdots, \sum_{j=2}^{j+1} w_j^* h_{iT_0} = h_{1T_0} 并且 \sum_{j=2}^{j+1} w_j Z_j = Z_1 \qquad (5-24)$$

倘若$\sum_{i=1}^{T_0} \lambda_t \lambda'_t$是非奇异的,那么就有:

$$h_{it}^N - \sum_{j=2}^{j+1} w_j^* h_{jt} = \sum_{j=2}^{j+1} w_j^* \sum_{s=1}^{T_0} \lambda_t \left(\sum_{i=1}^{T_0} \lambda_t \lambda'_t \right)^{-1} \lambda'_s (\varepsilon_{js} - \varepsilon_{is}) - \sum_{j=2}^{j+1} w_j^* (\varepsilon_{jt} - \varepsilon_{it})$$

$$(5-25)$$

一般情况下,式(5-25)的右边将趋近于0,Abadie(2012)已将其证明。在这种条件下,$\sum_{j=2}^{j+1} w_j^* h_{jt}$可以作为$h_{it}^N$的无偏估计近似$h_{it}^N$,$\widehat{\alpha_{it}} = h_{1t} - \sum_{j=2}^{j+1} w_j^* h_{jt}$就成为了$\alpha_{1t}$的估计。估计$\alpha_{1t}$还需要得到$w^*$,选择权重$w^*$的原则是最小化控制区域与权重交乘项和处理区域距离,即$\| x_1 - x_0 w \| = \sqrt{(x_1 - x_0 w)' V (x_1 - x_0 w)}$。

(二)数据描述

由于合成控制法要求处理组地区经历城乡居民基本医疗保险的整合,而对照组地区始终没有进行城乡居民基本医疗保险的整合，因此选取率先实现城乡居民医疗保险统筹的天津市作为处理地区，并将后来实施城乡居民基本医疗保险统筹的上海、山东、广东、重庆、宁夏、青海等地区从样本中删除后的其他地区作为对照组地区。考虑合成控制法对政策变化前的数据时间跨度要求过长，因此本节拟合分析的数据的时间选取2001~2016年（除了2004年商业健康保险数据的缺失），将发生的时间节点设定为2010年。每年各地区的人均商业健康保险原保费收入作为商业健康保险的支出为被解释变量，同样将大连、青岛、宁波、厦门和深圳的数据分别并入辽宁、山东、浙江、福建和广东的数据中并进行人均处理。其他数据包括与商业健康保险需求相关的经济特征、社会特征、环境特征和风险特征以及财政自由度指标等。

经济特征包括各地区的人均GDP和产业结构，产业结构具体为第二产业总值与第三产业总值的比值，用于衡量经济发展和产业结构调整的速度对商业健康保险等高端服务业的影响。社会特征包括城镇化、老年抚养比和人口密度，分别用于衡量城镇化进程、老龄化程度和人口分布对商业健康保险需求程度的影响。

环境污染的治理不仅是当前各地区财政支出的重点项目，环境污染也是影响人们商业健康保险需求的重要因素之一。环境特征采用的是每年排放的废水量、废气量和废物量，具体是指每年排放的废水量（工业废水和生活废水）、排放二氧化硫量和工业固体废弃物排放量，考虑到污染区域的溢出性和不可分割性，因此将每年各地区的废水、废气和废物的总量作为环境污染指标。

风险特征包括每年各地区的死亡率，用于衡量死亡概率对商业健康保险需求的影响。

由于财政分权指标分为财政收支分权指标和财政自由度，财政收支分权指标主要衡量地方政府对中央政府财政的依赖程度，而财政自由度除了衡量地方政府运用财政的能力，还可以体现地方政府的社会医疗保险的财政压力，因此在本小节采用财政自由度指标。

此外，商业健康保险的数据来源与上节相同，其中人均商业健康保险支出和人均 GDP 均采用各地区 GDP 指数进行平减，以消除价格因素干扰（以 2001 年 = 100 为基期）。为了消除异方差，对人均 GDP、人口密度、污染物排放量取对数。

（三）拟合结果

表 5 - 6 表明天津市商业健康保险影响因素的真实值与天津市商业健康保险影响因素的拟合值相比差异较小，并且均方根的预测误差仅为 0.1492048，说明天津市商业健康保险的影响因素与合成天津市商业健康保险的影响因素相似度较高。因此，合成控制法能够很好地拟合城乡居民医疗统筹政策之前的天津市的特征，适用于估计城乡居民医疗统筹政策对天津市商业健康保险产生的经济效应。表 5 - 7 给出了合成天津市的权重地区组合，对天津市存在影响的 4 个地区分别是北京、黑龙江、江苏、辽宁。其中，北京的影响权重为 0.415，黑龙江的影响权重为 0.080，江苏的影响权重为 0.285，辽宁的影响权重为 0.221。

表 5 - 6　天津市预测变量的真实值与拟合值

变量	天津市	
	真实值	拟合值
人均 GDP（对数值）	10.57704	10.35116
产业结构（%）	1.205249	0.9984022
人口密度（对数值）	6.846334	6.82815
老年抚养比（%）	0.1328667	0.1323315
城镇化率（%）	0.7132667	0.6376822

续表

变量	天津市	
	真实值	拟合值
死亡率（%）	0.0593833	0.0572657
污染物排放量（对数值）	10.94882	12.22958
财政自由度（%）	0.7409854	0.7532009
RMSPE	0.1492048	

表5-7　天津市人均商业健康保险支出的地区权重

地区	北京	黑龙江	江苏	辽宁
权重	0.415	0.080	0.285	0.221

图5-1描绘了2001~2016年天津市的真实人均商业健康保险支出与合成天津市的商业健康保险支出变化路径，以及2010年城乡居民医疗统筹政策实施前后，天津市人均商业健康保险支出的变化。图5-1中实线为天津市人均商业健康保险支出的真实值，虚线为假设没有进行城乡居民医疗统筹政策的"反事实"人均商业健康保险的拟合值，虚垂直线表示天津市城乡居民医疗统筹政策试点的时间点。城乡居民医疗统筹政策实施后，人均商业健康保险支出的真实值与估计值之间的缺口在逐渐加大。

为更直观地体现城乡居民医疗统筹政策对天津市商业健康保险支出的经济效应，进而估计了人均商业健康保险支出真实值与估计值的差距。图5-2是天津市城乡居民医疗统筹政策试点前后的人均商业健康保险支出真实值与估计值的差额，表明2001~2010年间天津市人均商业健康保险支出真实值与估计值之间的差距在0.03与-0.03之间波动，2010~2016年间的天津市人均商业健康保险支出估计值与真实值之间的差距在不断加大。进一步验证了城乡居民医疗保险统筹的实施，加剧了地方政府间的居民医疗保险筹资竞争的程度，居民医疗保险筹资水平的快速上升，更加挤占了商业健康保险的发展空间。

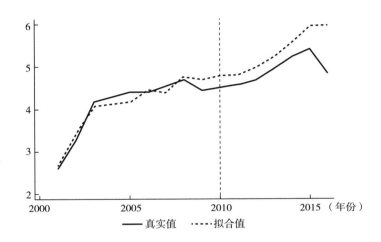

图 5-1 天津市城乡居民医疗保险统筹期间商业健康保险支出的真实值与拟合值

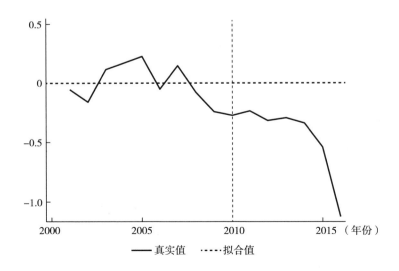

图 5-2 城乡居民医疗保险统筹对天津市商业健康保险支出的影响效应

第四节 本章小结

本章首先利用财政支出竞争理论对商业健康保险和地方政府居民医疗保险筹资的关系进行理论上的剖析，得出地方政府的支出竞争呈现 U 型变化，同时地方政府居民医疗保险筹资与商业健康保险支出也呈现出 U 型关系。政府对支出竞争重视程度的不同，使居民医疗保险筹资对商业健康保险的发展产生不同的效果，适当的地方政府支出竞争，会促使居民医疗保险筹资的提高，从而会加大居民医疗保险的财政压力，以至于需要商业健康保险来加强补充作用。但是过度的政府支出竞争，会导致居民医疗保险筹资过快上涨，从而挤出商业健康保险。

其次，在理论分析的基础上构建了地方政府居民医疗保险筹资和商业健康保险支出的空间面板计量模型，并利用极大似然估计对空间面板计量模型进行检验。结果表明：在财政下行压力加大的情况下，地方政府间的居民医疗保险筹资竞争，一方面加大了居民医疗保险的财政压力，从而强化了商业健康保险的补充作用；另一方面，地方政府间的居民医疗保险筹资竞争，促使各地区居民医疗保险的筹资过快增长，在一定程度上挤占了商业健康保险发展的空间，从而抑制了商业健康保险的发展，总体来看，当前地方政府间的居民医疗保险筹资竞争，对商业健康保险的替代效应要大于收入效应。

最后，考虑到居民的社会医疗保险政策的变动，如城乡居民医疗保险统筹政策的全面铺开，会加剧地方政府间的居民医疗保险筹资竞争的态势，就有必要考虑政策的实施对商业健康发展的效果，因此利用合成控制法对天津市商业健康保险支出的真实值与拟合值的变动趋势进行了对比，结果表明，城乡居民医疗保险统筹后的天津市人均商业健康保险支出拟合值与真实值之间的差距在不断加大，进一步验证了城乡居民医疗保险统筹的实施，加剧了地方政府间的居民医疗保险筹资竞争的程度，居民医疗保险筹资水平的快速上升，更加挤占了商业健康保险的发展空间。

第六章　居民医疗保险筹资与商业健康保险发展：税收竞争视角

地方政府间的税收竞争对商业健康保险的影响，主要通过居民医疗保险筹资来体现。一方面，地方政府间的税收竞争在降低地区实际税负的同时，减少了地区的财政收入，特别是减税带来的资本收益逐渐递减，在这种情况下居民医疗保险筹资的财政压力也在逐渐增加，从而强化了商业健康保险的补充作用；另一方面，在城乡居民医疗保险的全面统筹和大病医疗保险的全面铺开等政策的导向下，会产生地方政府间的居民医疗保险筹资竞争，这样会倒逼地方政府进行税收竞争，从而加大居民医疗保险筹资的财政压力，尤其在当前财政收入增长放缓的宏观背景下。

而地方政府间的居民医疗保险竞争和地方政府间的税收竞争的并存，给商业健康保险带来的影响就变得相对复杂。一方面，地方政府间的居民医疗保险筹资竞争对居民医疗保险筹资的财政压力的影响是无可厚非的，财政压力的逐渐增加可以加强商业健康保险的补充作用；另一方面，地方政府居民医疗保险筹资的快速增长，容易挤占商业健康保险的发展空间。因此，地方政府居民医疗保险筹资竞争对商业健康保险影响的两面性，在考虑地方政府税收竞争的情况下，哪种效应表现得更明显也变得扑朔迷离。为了更好地阐释在地方政府税收竞争情况下，居民医疗保险与商业健康保险的关系，首先将进行经济理论模型的构建。

第一节　税收竞争下居民医疗保险筹资与
商业健康保险的理论框架

本节的推导内容是基于 Zodrow 和 Miezkowski（1986）的理论模型进行拓展的，同样假设存在 N 个地区并且每个地区都是同质的，为了简化将代表性地区的政府支出分为生产性支出 p_i 和社会医疗保险支出 g_i 两种。生产性支出相当于地方政府投资可以带动地区的经济发展，居民医疗保险筹资相当于地方政府对地区的健康人力资本的投入，同样会提高地区的经济发展水平。此外，将企业的单位劳动资本投入 k_i 考虑在内，那么代表性地区的生产函数可以表示为：

$$y_i = A k_i^\alpha p_i^\beta g_i^\gamma \tag{6-1}$$

其中，α、β 和 γ 分别表示资本对产出的弹性、生产性支出对产出的弹性和居民医疗保险支出对产出的弹性。对于代表性地区的居民来说，如果一部分居民的福利除了来源于日常消费 c_i 和享受的居民医疗保险的待遇水平 g_i，还包括对商业健康保险的消费支出 h_i；另一部分居民的福利依然依靠日常消费 c_i 和享受的居民医疗保险的待遇水平 g_i。不妨假设购买商业健康保险的居民比例为 π，没有购买商业健康保险的居民比例为（$1-\pi$），购买商业健康保险的居民效用函数为 $U\left(c_i, h_i, g_i\right)$，没有购买商业健康保险的居民效用函数为 U

(c_i, g_i)，那么追求社会福利最大化的地方政府的效用函数可以表示为πU $(c_i, h_i, g_i) + (1-\pi) U(c_i, g_i)$，且政府的效用函数 $U(\cdot)' > 0$，$U(\cdot)'' < 0$。对于居民来说，收入主要来源于工资收入，没有购买商业健康保险的居民的工资收入都用于日常消费，购买商业健康保险的居民用于日常消费的工资收入比例为μ_0，用于购买商业健康保险的工资收入比例为 $(1-\mu_0)$，如果代表性地方政府对流入地区的资本征收税率为t_i，那么居民收入预算约束可以表示为：

$$w_i = y_i - MP_k \cdot k_i - t_i k_i = (1-\alpha)Ak_i^\alpha p_i^\beta g_i^\gamma - t_i k_i \tag{6-2}$$

对于地方政府来说，其财政收入来源于税收收入和中央对地方的转移支付收入tr_i。如果存在居民医疗保险筹资竞争，那么代表性地方政府除了要考虑本地区的生产性支出和居民医疗保险筹资外，还要考虑邻近地区的居民医疗保险筹资情况。在考虑地区间税收竞争的条件下，代表性政府对于邻近地区的居民医疗筹资存在一定的预期可以表示为 $E(\delta g_j)$，地方政府的税收仅来源于对资本的征收税收，由于商业健康保险对社会医疗保险有补充作用，变相地降低了财政的压力，可以用 $h_i(g_i)$ 表示商业健康保险与居民医疗保险筹资的关系，那么代表性地区的财政预算约束可以表示为：

$$g_i + p_i - E(\delta g_j) \leqslant t_i k_i + tr_i + h_i(g_i) \tag{6-3}$$

那么地方政府的最优化问题可以表示为：

$$\max \pi U(c_i, h_i, g_i) + (1-\pi)U(c_i, g_i) \tag{6-4}$$

s. t. $g_i + p_i - E(\delta g_j) \leqslant t_i k_i + tr_i + h_i(g_i)$

由式（6-4）构建拉格朗日方程：

$$
\begin{aligned}
L = {} & \pi U(\mu_0[(1-\alpha)Ak_i^\alpha p_i^\beta g_i^\gamma - t_i k_i], (1-\mu_0)[(1-\alpha)Ak_i^\alpha p_i^\beta g_i^\gamma - t_i k_i], g_i) + \\
& (1-\pi)U(\mu_0[(1-\alpha)Ak_i^\alpha p_i^\beta g_i^\gamma - t_i k_i], g_i) + \lambda(t_i k_i + tr_i + h_i(g_i) + \\
& E(\delta g_j) - p_i - g_i)
\end{aligned}
\tag{6-5}
$$

一阶条件:

$$\frac{\partial L}{\partial t_i} = \pi\, U_{c_i}\left[\mu_0 F_{k_i} \cdot \frac{\partial k_i}{\partial t_i} \cdot k_i - \left(k_i + \frac{\partial k_i}{\partial t_i} \cdot t_i\right)\right] + \pi\, U_{h_i}\left[(1-\mu_0) F_{k_i} \cdot \frac{\partial k_i}{\partial t_i} \cdot k_i - \right.$$

$$\left.\left(k_i + \frac{\partial k_i}{\partial t_i} \cdot t_i\right)\right] + (1-\pi) U_{c_i}\left[\mu_0 F_{k_i} \cdot \frac{\partial k_i}{\partial t_i} \cdot k_i - \left(k_i + \frac{\partial k_i}{\partial t_i} \cdot t_i\right)\right] + \lambda\left(k_i + \right.$$

$$\left.\frac{\partial k_i}{\partial t_i} \cdot t_i\right) = 0 \qquad (6-6)$$

$$\frac{\partial L}{\partial g_i}\pi\, U_{g_i} + (1-\pi) U_{g_i} - \lambda\left(\frac{\partial h_i}{\partial g_i} + \frac{\partial E(\delta g_j)}{\partial g_i} - 1\right) = 0 \qquad (6-7)$$

由式（6-6）和式（6-7）可得:

$$\frac{\partial h_i}{\partial g_i} = \frac{\left(1 - \dfrac{\partial E(\delta g_j)}{\partial g_i}\right)\{\varnothing_1 + \varnothing_2 + \varnothing_3\} - U_{g_i}(1 + \varepsilon_{k_i t_i})}{\{\varnothing_1 + \varnothing_2 + \varnothing_3\}} \qquad (6-8)$$

其中, $\varnothing_1 = \pi\, U_{c_i}\left[\alpha\mu_0 \dfrac{F_{k_i}}{t_i}\varepsilon_{k_i t_i} - (1 + \varepsilon_{k_i t_i})\right]$, $\varnothing_2 = \pi\, U_{h_i}\left[\alpha(1-\mu_0)\dfrac{F_{k_i}}{t_i}\varepsilon_{k_i t_i} - \right.$

$\left.(1 + \varepsilon_{k_i t_i})\right]$, $\varnothing_3 = (1-\pi) U_{c_i}\left[\alpha\dfrac{F_{k_i}}{t_i}\varepsilon_{k_i t_i} - (1 + \varepsilon_{k_i t_i})\right]$。

由式(6-8)可得: 当 $0 < \dfrac{\partial E(\delta g_j)}{\partial g_i} < 1$ 且 $|\varepsilon_{k_i t_i}| >$

$$\frac{1 + U_{c_i}/U_{g_i} + \pi\, U_{h_i}/U_{g_i}}{(1 + U_{c_i}/U_{g_i} + \pi\, U_{h_i}/U_{g_i}) - \left\{U_{c_i}/U_{g_i}\left[\pi\alpha\mu_0 + (1-\pi)\alpha\right]\dfrac{F_{k_i}}{t_i} + U_{h_i}/U_{g_i}\pi\alpha(1-\mu_0)\dfrac{F_{k_i}}{t_i}\right\}}$$

时, $\dfrac{\partial h_i}{\partial g_i} > 0$。即当存在地方政府间的居民医疗保险筹资竞争，并且资本税收弹性大于各项消费与居民医疗保险的边际替代率与去掉税负的净边际替代率之比，即存在地方政府间的税收竞争时，商业健康保险支出会随着居民医疗保险筹资的增加而增加，商业健康保险的补充作用得以强化；反之，当存在地方政府间的居民医疗保险筹资竞争，并且资本税收弹性小于各项消费与社会医疗保险的边际替代率与去掉税负的净边际替代率之比，即不存在地方政府税收竞争时，商业健康保险支出会随着居民医疗保险筹资的提高而下降，商业健康保险的补充作用难以发挥。因此，当地方政府的居民医疗保险筹资竞争与税收竞争并存的情况下，居民医疗保险筹资的适当提高会促进商业健康保险的发展。

第二节　税收竞争下居民医疗保险筹资与商业健康保险的实证分析

一、数据描述

本部分的数据选取主要有被解释变量的商业健康保险支出，考虑到地方政府社会医疗保险高支出竞争和低税负竞争的同时存在，核心解释变量用社会医疗保险筹资与税收竞争的交互项来表示，为了更能反映当前地方政府税收竞争的复杂情况，税收竞争指标采用的是狭义的税收竞争指标、广义税收竞争与相对税收竞争。其他变量依然选取了与商业健康保险支出相关的经济特征、社会特征、医疗保险特征和财政特征等作为控制变量。需要指出的是，当前中央政府相比地方政府拥有较高比例的财政资源，地方政府财政财权和事权的不一致，地方政府的财政收入与财政支出严重脱钩，地方政府为了获得更多的转移支付资金，迎合中央政府医疗保险政策，会加大本辖区的财政支出，出现医疗保险的高支出竞争，同时高支出竞争可能倒逼地方政府税收竞争的出现，因此本小节的财政分权指标选择财政自由度较为合适，鉴于财政支出分权与财政自由度之间的这种相关性，和体现不同的财政分权强度，在选择财政自由度的基础上，引入财政支出分权与财政自由度的交互项，作为进一步的检验指标。其他控制变量与第五章第二节实证部分一致，这里不再赘述。

考虑到数据的可及性且2010年后居民医疗保险的相关政策的变动较大，因此各变量选取了2011～2015年除西藏以外的30个省级单位的数据。商业健康保险原保费收入的数据来源于历年中国保监会网站公布的相关数据信息；经济变量、财政分权变量和社会特征变量的数据来源于历年国家统计局网站发布的《中国统计年鉴》；医疗保险特征的数据来源于历年《全国医疗生育保险运行分析报告》，其中人均商业健康保险支出和人均居民医疗保险筹资均消除了价格因素（以2011＝100为基数），为在一定程度上消除异方差，提高计量模型的回归结果准确度，将人均商业健康保险支出和人均居民医疗保险筹资取对数值。

二、空间面板计量模型

（一）空间相关指数设定

本部分的空间莫兰指数同样采用的是全域莫兰指数进行检验。Moran's I 指数计算结果表明，广义税收竞争、狭义税收竞争和相对税收竞争指数的 Moran's I 指数计算的结果存在一定的差异，其中广义税收竞争的结果为正，但是不显著；狭义税收竞争的计算结果显著为负；相对税收竞争的结果显著为正（见表6－1）。

表6－1　税收竞争与居民医疗保险筹资交互项以及
商业健康保险的空间 Moran's I 检验结果

变量	I	E（I）	sd（I）	z	p－value
广义税收竞争交互项	0.059	－ 0.007	0.051	1.282	0.200
狭义税收竞争交互项	－ 0.058	－ 0.007	0.026	－ 2.006	0.045
相对税收竞争交互项	0.085	－ 0.007	0.052	1.779	0.075
商业健康保险支出	0.160	－ 0.007	0.026	6.400	0.000

注：利用两种空间地理权重矩阵计算，取较为显著的结果。

出现这种现象，很可能与地方政府财政竞争的转变有关，在以投资驱动经济增长和以考核机制是以 GDP 为纲的时期，地方政府为了招商引资，采取了一系列的税收优惠形式，以降低本地区的实际税负水平，吸引资本流入本地区。随着各地区经济的发展和地区公共服务水平的提高，税收优惠吸引资本的方式对各地方政府的吸引力参差不齐，而中央政府对于各地区民生福利水平的强调，促使地方政府由税收竞争转向以政府支出竞争为主。当前经济进入发展的新常态和财税收入的紧缩，面对刚性的民生支出，也不乏地方政府在倒逼机制的激励下进行税收竞争。所以，对 Moran's I 的检验结果也表现出了这个过渡时期的地方政府税收竞争的复杂性。而商业健康保险的支出的 Moran's I 指数依然为正，说明地区间的商业健康保险既存在居民消费的"攀比效应"，又存在保险公司间的市场竞争。

（二）空间面板计量模型设定

本部分采用空间计量模型在考虑地方政府居民医疗保险筹资竞争的基础上，进一步将地方政府的税收竞争纳入进来，考虑在政府支出竞争和税收竞争两种状态下，社会医疗保险对商业健康保险的影响（见表 6 - 2）。对空间计量模型的设定本小节同样采用空间滞后模型和空间误差模型，具体模型设定这里不再赘述。

表 6 - 2　财政自由度、居民医疗保险筹资交互项与商业健康
保险的空间面板滞后模型估计结果

变量	直接效应	间接效应	总效应
居民医疗保险筹资与狭义税收竞争交互项	0.9148196 ***	0.3326536 **	1.247473 ***
	(0.1988332)	(0.1373173)	(0.2903557)
人均 GDP	0.4452578	0.1762377	0.6214956
	(0.3205609)	(0.1618072)	(0.4690022)

续表

变量	直接效应	间接效应	总效应
产业结构	− 0. 3265099 ***	− 0. 1170192 **	− 0. 4435291 ***
	(0. 1072178)	(0. 0567898)	(0. 1493115)
人口密度	− 0. 0220647	− 0. 0084063	− 0. 030471
	(0. 0184583)	(0. 0079611)	(0. 0257988)
城镇化	4. 089668 ***	1. 437823 ***	5. 527492 ***
	(1. 027234)	(0. 5016136)	(1. 292927)
老年抚养比	3. 305617 ***	1. 162477 **	4. 468094 ***
	(1. 106389)	(0. 4771874)	(1. 431354)
政府医疗卫生重视程度	8. 42346 ***	3. 012819 ***	11. 43628 ***
	(2. 263855)	(1. 175028)	(2. 980393)
住院实际支付比	− 0. 4705141	− 0. 1805705	− 0. 6510846
	(0. 3956867)	(0. 1626207)	(0. 5443169)
住院率	2. 271626 ***	0. 8046283 **	3. 076255 ***
	(0. 8084486)	(0. 3673133)	(1. 062866)
参保率	− 0. 0224787	− 0. 007505	− 0. 0299837
	(0. 0366439)	(0. 0159301)	(0. 0519622)
财政自由度	− 1. 651031 ***	− 0. 6035239 **	− 2. 254555 ***
	(0. 3302049)	(0. 2550651)	(0. 5061571)
ρ	8. 075719 ***		
	(2. 004097)		
Log – likelihood	59. 1633		
Hausman 检验	0. 9263		
R^2	0. 6575		

注: ***、**、*分别为在1%、5%和10%水平上显著,利用空间地理权重矩阵回归结果。

从财政自由度模型估计的结果来看,居民医疗保险筹资与税收竞争交互项对商业健康保险支出的直接效应和间接效应显著为正,说明在考虑了地方政府税收竞争的情况下,本地和邻近地区的居民医疗保险筹资水平的提高对本地商业健康保险的产生了挤入效应。地方政府间的税收竞争对商业健康保险的影响是通过居民医疗保险筹资体现出来的，一方面，地方政府间的税收竞争在降低地区的实际税负的同时，会减少居民医疗保险筹资的财力，这方面当存在地方政府居民医疗筹资竞争的情况下，更能凸显商业健康保险在医疗保障筹资体系中的补充地位，并且在当前地方政府以财政支出竞争为主的情况下，会倒逼地方政府进行税收竞争，导致居民医疗保险的筹资压力的加大，进而提高商业健康保险的补充地位；另一方面，地方政府间的税收竞争在减少居民医疗保险筹资财力的同时，由于各地区的财政资源禀赋的差异，可能会弱化地方政府居民医疗保险筹资竞争的态势。总体来看，实证结果表明，在考虑地方政府税收竞争的情况下，居民医疗保险筹资水平的增长给商业健康保险带来的挤入效应要大于挤出效应。

从其他控制变量对商业健康保险的估计结果来看，财政自由度对商业健康保险的直接效应、间接效应和总效应显著为负，说明在当前的财政分权体制下，地方政府为了迎合中央政府的医疗保险政策，可能会出现过度的居民医疗保险筹资竞争，而财政自由度指标衡量了地方政府的财政压力水平，因此为了缓解财政下行压力和获得更多的转移支付，地方政府容易加大竞争的程度，促使居民医疗保险筹资过快增长，从而挤出了商业健康保险。

从财政支出分权交互项估计的空间滞后模型结果和空间误差模型估计的结果来看，与财政自由度估计的结果基本一致，因此之前估计的结果是稳健的（见表6-3和表6-4）。广义税收竞争指标估计的结果与狭义税收竞争指标估计的结果基本一致，而相对税收竞争指标估计的结果不是很显著，因此在这里就不再赘述。

表6－3　财政支出分权交互项、居民医疗保险筹资交互项与
商业健康保险的空间面板滞后模型估计结果

变量	直接效应	间接效应	总效应
居民医疗保险筹资与 狭义税收竞争交互项	0.9912101*** (0.2043488)	0.3557455** (0.1460627)	1.346956*** (0.2991339)
人均GDP	0.4374617 (0.3194326)	0.1711299 (0.1590954)	0.6085917 (0.4651238)
产业结构	－0.3167638*** (0.1076819)	－0.1119731** (0.0558045)	－0.428737*** (0.1492332)
人口密度	－0.0227005 (0.0185518)	－0.0085198 (0.0079512)	－0.0312203 (0.0258449)
城镇化	4.302527*** (1.033072)	1.495794*** (0.5222899)	5.798321*** (1.295492)
老年抚养比	3.252433*** (1.111776)	1.128642** (0.4748934)	4.381075*** (1.436842)
政府医疗卫生重视程度	7.852725*** (2.256247)	2.766752** (1.11277)	10.61948*** (2.949233)
住院实际支付比	－0.5150966 (0.3963795)	－0.1947018 (0.1647201)	－0.7097984 (0.5455308)
住院率	2.340389*** (0.8122036)	0.8178012** (0.3703632)	3.15819*** (1.062232)
参保率	－0.0212105 (0.036873)	－0.006918 (0.0158938)	－0.0281285 (0.0521541)
财政支出分权交互项	－1.960608*** (0.3954785)	－0.7070616** (0.3016033)	－2.667669*** (0.6011386)
ρ	7.990974*** (2.026936)		
Log－likelihood	58.9369		
Hausman 检验	0.6957		
R^2	0.6624		

注：***、**、*分别为在1%、5%和10%水平上显著；圆括弧内为标准差；利用空间地理权重矩阵回归。

表6-4 居民医疗保险筹资交互项与商业健康保险的空间面板误差模型估计结果

变量	模型1	模型2
居民医疗保险筹资与税收竞争交互项	0. 6031882 *** (0. 2128004)	0. 6636225 *** (0. 2179086)
人均 GDP	0. 89016 *** (0. 2660655)	0. 886504 *** (0. 264641)
产业结构	-0. 2861507 *** (0. 0993129)	-0. 2789536 *** (0. 0990929)
人口密度	-0. 0169966 (0. 0162135)	-0. 017712 (0. 0161913)
城镇化	2. 349464 *** (0. 9031218)	2. 508775 *** (0. 9109342)
老年抚养比	2. 294186 ** (1. 013533)	2. 244112 ** (1. 011749)
政府医疗卫生重视程度	6. 14623 ** (2. 407458)	5. 65688 ** (2. 372526)
住院实际支付比	-0. 7421183 * (0. 4332891)	-0. 9104627 ** (0. 4342291)
住院率	1. 741514 ** (0. 8429132)	1. 78493 ** (0. 8387491)
参保率	-0. 0258062 (0. 0368098)	-0. 0247436 (0. 0368058)
财政分权	-1. 054537 *** (0. 3312459)	-1. 286323 *** (0. 393959)
λ	26. 10391 *** (1. 111224)	26. 09668 *** (1. 114391)
Log - likelihood	65. 9917	66. 2225
Hausman 检验	-0. 75	-5. 61
R^2	0. 7558	0. 7597

注：***、**、*分别为在1%、5%和10%水平上显著；圆括弧内为标准差；模型1是自由度指标的回归结果，模型2是财政支出分权与财政自由度交互项的回归结果；利用空间地理权重矩阵回归。

第三节 "营改增"税收政策的进一步检验

一、"营改增"税收政策的概述

"营改增"通常被称作增值税扩围，即将原来征收营业税的范畴改为征收增值税。之所以进行"营改增"，首先是因为改革开放初期时的服务业主要服务于人们的日常生活，服务业之间简单明晰，营业税和增值税分别适用于服务业和制造业，对服务和产品分别征收营业税和增值税，并不矛盾。随着我国传统服务业向生产性服务业转型，同时生产性服务业兼具制造业和服务业的双重属性，使服务业与制造业的边界也越来越不清晰，这给纳税人缴纳增值税还是缴纳营业税提供了选择的余地，但是税收又要求关于产品和服务征收增值税和营业税必须给予明确的区分，因此营业税与增值税并行显然不适于生产性服务业的发展。[1]

其次，由于营业税是对营业额进行全额征收，不同环节的营业税的征收会导致重复征税的结果。因此，营业税税负相对较重，增值税税负相对较轻，而营业税和增值税并行所产生的服务业和制造业之间的差异税负，导致产业结构调整出现逆向效应，即在促进制造业的同时抑制了服务业。此外，自金融危机以来我国对增值税进行了转型改革，实际上是对增值税实行减税政策。虽然增值税的税负相对减轻了，但提高了与增值税关联性较强的营业税的税负水平。

---

[1] 胡怡建，田志伟．"营改增"财政经济效应研究［M］．北京：中国税务出版社，2014.

营业税和增值税在减税政策下的不同待遇，更是加剧了制造业和服务业之间税负不对称的矛盾。因此，为了促进服务业的发展和经济结构的转型，"营改增"政策势在必行。

2012年新年伊始，"营改增"首先在上海进行试点，涉及"6＋1"行业即交通运输和6个现代服务业。2012年底，试点地区数量增加至9个，2013年"营改增"在全国全面铺开。直到2016年5月1日，保险业最后纳入"营改增"范围，营业税至此彻底退出地方政府税收征收的范围。"营改增"初期国税机构征收的营业税收入会以税收返还的形式转交给地方政府，主要出于财力与事权相对称的考虑，加之各地区产业结构的差异，地方政府能够被影响的营业税收入额十分有限，仅有20%～30%。试点地区的整体减税面达到90%，减税金额为426.3亿元，中小企业受益颇多，平均减税幅度达到了40%。随着"营改增"向各地区和全行业的全面铺开，地方政府的营业税根基也逐渐瓦解。

"营改增"对经济结构转型和发展方式转变起到了推动作用，但是也不乏会出现地方政府在"营改增"试点之际，与中央政府进行纵向税收竞争的可能，以及由于"营改增"最初在局部地区进行试点，这些试点地区容易出现"税收洼地"现象，这样可能会促使其他未进行"营改增"地区采取差异化税收优惠政策，从而产生地方政府间的税收竞争，所以有必要对"营改增"政策给地区商业健康保险带来的经济效应展开分析，同时也是作为对上一节实证分析的进一步检验。

二、"营改增"税收政策对商业健康保险的经济效应分析

（一）假设提出与模型设定

如果将"营改增"对商业健康保险的经济影响视作一项实验项目，"营改

增"试点的起始时间是 2012 年，后续分批扩大试点范围。2012 年 1 月 1 日最先在上海开始试点，2012 年 9 月 1 日将北京纳入试点范围，2012 年 10 月 1 日在江苏和安徽开始试点，2012 年 11 月 1 日在广东和福建开始试点，2012 年 12 月 1 日在天津、浙江和湖北开始试点，2013 年 8 月 1 日在其他地区开始试点。至此全国所有地区全部实施"营改增"政策。

同样利用合成控制法考察"营改增"政策对商业健康保险的经济效应，基本思路是通过寻找未受"营改增"政策干扰的地区作为试点地区的控制组，选择控制组的方法是将除了处理组外未实施"营改增"政策的其他地区进行线性组合，构造一个拟合的试点地区，从而比较"营改增"真实试点地区与拟合"营改增"试点地区的商业健康保险的发展进行政策效果评估。具体模型设定与第五章第三节模型设定相似，这里不再赘述。

（二）变量选取

虽然"营改增"政策在 2012 年开始试点，但是早在 2009 年为了促进增值税转型，国务院就出台了《中华人民共和国营业税暂行条例》，使各地区对"营改增"政策产生了预期。政策预期的产生促使各地区加大对本级财政收入的重视，从而出现地方政府与中央政府以及地方政府间的税收竞争。由于"营改增"政策由试点到全面铺开时间间隔较短，因此以《中华人民共和国营业税暂行条例》实施的 2009 年为节点，探讨"营改增"政策实施地区的商业健康保险的变动更为合适。2012～2013 年期间，上海、北京、江苏、安徽、福建、广东、天津、浙江和湖北先后成为"营改增"试点地区。合成控制法要求控制组的拟合地区始终都没有受到政策影响，因此在考察某个试点地区的商业健康保险变动时，将其他试点地区删去，以免对虚拟地区的合成产生干扰。并且在这里假定试点地区对"营改增"的预期更强烈，而非试点地区对"营改增"的预期相对较弱。合成控制法对政策变化前的数据的时间跨度要求过长，而 2013 年以后"营改增"政策在全国各地实施，因此本节实证分析的数据的时间选取从 2001～2013 年（除了 2004 年商业健康保险数据缺失外）。被解释变量是将每年各地区的人均商业健康保险原保费收入作为商业健康保险的支出，同样将大连、青岛、宁波、厦门和深圳的数据单列地区分别并入辽宁、山东、浙江、福建和广东并进行人均处理。其他数据包括选取了与商业健康保险需求相关的经济特征、社会特征、环境特征、风险特征以及财政指标。

风险特征包括每年各地区的死亡率用于衡量死亡对商业健康保险需求的影响。财政指标包含财政自由度指标，考虑到"营改增"政策直观地体现在地方政府的营业税和增值税的税收收入变化上，因此引入了增值税与营业税的比重作为"营改增"政策的变动指标。其中人均商业健康保险支出和人均 GDP 均采用各地区的 GDP 指数进行平减，以消除价格因素的干扰（以 2009 年 = 100 为基期）。为了消除异方差，对人均 GDP、人口密度、污染物排放量取对数。其他特征指标与社会医疗保险等筹资竞争对商业健康保险影响实证分析部分相同，这里不再赘述。

（三）拟合结果

通过对"营改增"试点地区的拟合分析，将较能反映实际情况和说明问题的湖北省、安徽省和福建省的拟合结果进行汇报和阐述。表 6 - 5 表明湖北省商业健康保险影响因素的真实值与湖北省商业健康保险影响因素的拟合值相比差异较小，并且均方根的预测误差仅为 0.1183088，说明湖北省商业健康保险的影响因素与合成湖北省商业健康保险的影响因素相似度较高。因此，合成控制法能够很好地拟合《中华人民共和国营业税暂行条例》推出之前的湖北省的特征，适用于估计"营改增"预期对湖北省商业健康保险产生的经济效应。表 6 - 6 给出了合成湖北省的权重地区组合，对湖北省存在影响的有 6 个地区，分别是湖南、辽宁、黑龙江、广西、重庆和新疆。其中，湖南的影响权重为 0.005，辽宁的影响权重为 0.291，黑龙江的影响权重为 0.101，广西的影响权重为 0.388，重庆的影响权重为 0.041，新疆的影响权重为 0.174。

表 6 - 5　湖北省预测变量的真实值与拟合值

变量	湖北省	
	真实值	拟合值
人均 GDP（对数值）	9.594687	9.592398
产业结构（%）	1.19091	1.201413
人口密度（对数值）	3.893981	4.95886
老年抚养比（%）	0.1225667	0.1225965
城镇化率（%）	0.4050167	0.4220693
死亡率（%）	0.05945	0.057781
污染物排放量（对数值）	12.44034	12.07715
增值税/营业税（%）	0.6751758	0.674824
财政自由度（%）	0.4614289	0.4650334
RMSPE	0.1183088	

表 6 - 6　湖北省人均商业健康保险支出的地区权重

地区	广西	湖南	辽宁	黑龙江	重庆	新疆
权重	0.388	0.005	0.291	0.101	0.041	0.174

为更直观地体现湖北省"营改增"预期对商业健康保险支出的经济效应，进而估计了人均商业健康保险支出真实值与估计值的差距。图 6 - 1 是"营改增"预期对湖北省商业健康保险支出的影响效应，表明 2001～2009 年间湖北省人均商业健康保险支出真实值与估计值之间的差距在 0.3 与 - 0.05 之间波动，2009～2013 年间的湖北省人均商业健康保险支出真实值与估计值之间的差距总体上呈现出上升的态势，但是在 - 0.02 与 0.1 间波动。

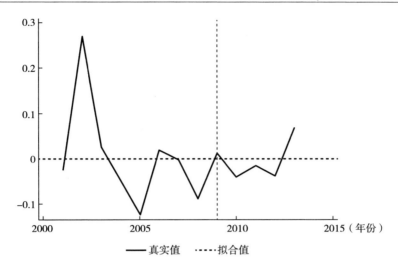

图 6-1 "营改增"预期对湖北省商业健康保险支出的影响效应

表 6-7 表明安徽省商业健康保险影响因素的真实值与安徽省商业健康保险影响因素的拟合值相比差异较小，并且均方根的预测误差仅为 0.1821664，说明安徽省商业健康保险的影响因素与合成安徽省商业健康保险的影响因素相似度较高。因此，合成控制法能够很好地拟合"营改增"暂行条例推出之前的安徽省的特征，适用于估计"营改增"预期对安徽省商业健康保险产生的经济效应。表 6-8 给出了合成安徽省的权重地区组合，对安徽省存在影响的有 5 个地区，分别是贵州、江西、山西、广西和四川。其中，贵州的影响权重为 0.056，江西的影响权重为 0.282，山西的影响权重为 0.161，广西的影响权重为 0.296，四川的影响权重为 0.205。

为了更直观地体现"营改增"预期对安徽省商业健康保险支出的经济效应，进而估计了人均商业健康保险支出真实值与估计值的差距。图 6-2 是安徽省"营改增"预期对商业健康保险支出的影响效应，表明 2001~2009 年间湖北省人均商业健康保险支出真实值与估计值之间的差距在 0.3 与 -0.3 之

表6-7 安徽省预测变量的真实值与拟合值

变量	安徽省	
	真实值	拟合值
人均GDP（对数值）	9.270346	9.286034
产业结构（%）	1.274608	1.22362
人口密度（对数值）	6.096768	5.784108
老年抚养比（%）	0.1385833	0.1259485
城镇化率（%）	0.3359167	0.3355337
死亡率（%）	0.0603167	0.0616423
污染物排放量（对数值）	12.06936	12.07127
增值税/营业税（%）	0.6651249	0.6710125
财政自由度（%）	0.4438227	0.44028
RMSPE	0.1821664	

表6-8 安徽省人均商业健康保险支出的地区权重

地区	广西	贵州	江西	山西	四川
权重	0.296	0.056	0.282	0.161	0.205

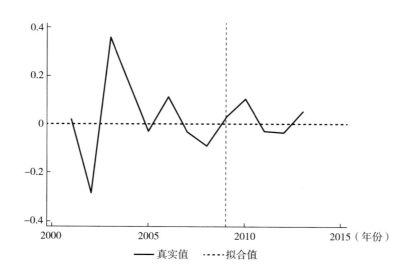

图6-2 安徽省"营改增"预期对商业健康保险支出的影响效应

间波动，2009~2013 年间的安徽省人均商业健康保险支出真实值与估计值之间的差距先是逐渐扩大后又逐渐减小，最后又逐渐拉大。

表 6－9 表明福建省商业健康保险影响因素的真实值与福建省商业健康保险影响因素的拟合值相比差异较小，并且均方根的预测误差仅为 0.1821664，说明福建省商业健康保险的影响因素与合成福建省商业健康保险的影响因素相似度较高。因此，合成控制法能够很好地拟合"营改增"暂行条例推出之前的福建省的特征，适用于估计"营改增"预期对福建省商业健康保险产生的经济效应。表 6－10 给出了合成福建省的权重地区组合，对福建省存在影响的有 3 个地区，分别是辽宁、宁夏和山东。其中，辽宁的影响权重为 0.548，宁夏的影响权重为 0.239，山东的影响权重是 0.214。

表 6－9　福建省预测变量的真实值与拟合值

变量	福建省	
	真实值	拟合值
人均 GDP（对数值）	10.03427	9.90263
产业结构（%）	1.198559	1.333233
人口密度（对数值）	5.36501	5.468634
老年抚养比（%）	0.12065	0.1207738
城镇化率（%）	0.4413333	0.4935765
死亡率（%）	0.0563667	0.0564852
污染物排放量（对数值）	12.26826	11.95687
增值税/营业税（%）	0.5605464	0.642267
财政自由度（%）	0.7082837	0.5528022
RMSPE	0.1821664	

表 6－10　福建省人均商业健康保险支出的地区权重

地区	辽宁	宁夏	山东
权重	0.548	0.239	0.214

为更直观地体现"营改增"预期对福建省商业健康保险支出的经济效应，因此估计了人均商业健康保险支出真实值与估计值的差距。图 6 - 3 是福建省"营改增"预期对商业健康保险支出的影响效应，表明 2001~2009 年间福建省人均商业健康保险支出真实值与估计值之间的差距在 0.1 与 - 0.5 之间波动，2009~2013 年间的福建省人均商业健康保险支出真实值与估计值之间的差距先是逐渐扩大后又逐渐减小，最后又逐渐拉大。

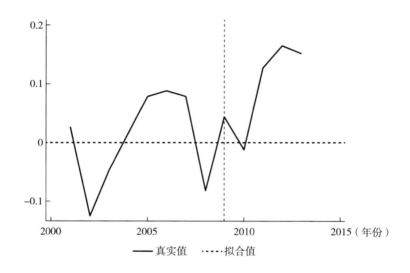

图 6 - 3　福建省"营改增"预期对商业健康保险支出的影响效应

　　通过比对湖北省、安徽省和福建省在《中华人民共和国营业税暂行条例》出台前后的商业健康保险支出的真实值和拟合值之间的变动趋势，一定程度上反映了政府间税收竞争给商业健康保险支出带来的经济影响。首先，营业税原属于地方政府的独立税种，改成增值税后变为中央与地方共享税，这样就增加了地方政府与中央政府的博弈机会，导致试点地区在面对即将进行试点"营改增"政策时，会出现试点地区与中央政府的纵向竞争和地方政府间的横向竞争并存的局面；其次，"营改增"政策试点地区与中央政府的纵向竞争，可能表现在努力培育有利于营业税税收增长的产业，以获取政策实施前的最后收益，出于这种动机试点地区会降低对居民医疗保险的关注，这样可以减少因居民医疗保险筹资过快，对商业健康保险发展产生的冲击；最后，《中华人民共和国营业税暂行条例》的推行能够促使试点地区为了与中央政府争夺税收收入，积极采取差异化的税收优惠政策，以吸引资本流入本地区，但同时会带动其他地区采取同样的策略，从而导致地方政府间的税收竞争。这样使试点地区吸引资本的目的难以达到预期的效果，并且以扩大税基增加财政收入的做法将受到阻碍，因此试点地区由于税收优惠而产生的财政缺口弥补效果不佳，加之地方政府间的居民医疗保险的筹资竞争容易倒逼地方政府间新一轮的税收竞争，这样更使税收优惠带来的居民医疗保险的财政压力得以凸显，从而强化了商业健康保险的补充作用，但是拟合效果显示对于商业健康保险正面影响甚微。

　　因此，试点地区在《中华人民共和国营业税暂行条例》出台后，商业健康保险支出的真实值和拟合值之间差距的波动，在某种程度上反映了由于"营改增"政策预期而产生的试点地区与中央政府的纵向税收竞争和地区间的横向税收竞争。为了进一步检验"营改增"所带来的纵向税收竞争和横向税收竞争，接下来有必要做进一步的实证分析。

三、"营改增"税收变动对商业健康保险的实证分析

（一）变量选取

　　考虑到《中华人民共和国营业税暂行条例》在 2009 年出台并且在 2016 年将商业保险纳入到"营改增"范畴，因此本节实证分析的数据时间选取为 2009～2015 年。被解释变量是每年各地区的人均商业健康保险原保费收入作为商业健康保险的支出，同样由于大连、青岛、宁波、厦门和深圳的数据单

列，故将这五个城市的商业健康保险的原保费收入分别并入辽宁、山东、浙江、福建和广东并做人均处理。将增值税与营业税的比重作为"营改增"政策的变动指标。将各地区人均 GDP 换作各地区的人均可支配收入，2009 ~ 2013 年各地区人均可支配收入将《中国统计年鉴》中相应年份的城镇居民的人均可支配收入和农村居民的人均纯收入，按照城镇人口占比和农村人口占比，统一计算得出，2014 年和 2015 年的数据采用相应年份《中国统计年鉴》中的全国人均可支配收入；风险特征增加了各地区的居民诊疗次数；其他控制变量与上一节选取的变量相同。

此外，商业健康保险的数据来源于历年保监会网站和《中国保险年鉴》公布的数据，其他数据均来源于历年的《中国统计年鉴》的公开数据，其中人均商业健康保险支出和人均可支配收入均采用各地区的 GDP 指数进行平减，以消除价格因素的干扰（以 2009 年的数据 100 为基期）。

（二）模型设定

本节采用的计量模型同样是空间面板计量模型，但是为了更稳健设定三种空间面板计量模型，除了之前的空间面板滞后模型和空间面板误差模型外，还设定了更能体现地区差异的空间面板杜宾模型。空间滞后模型设定：

$$H_{it} = \rho \sum_{1}^{n} w_{ij}H_{jt} + X_{it}\beta + c_i + v_{it} \qquad (6-9)$$

$$H_{it} = \rho \sum_{1}^{n} w_{ij}H_t + X'_{it}\beta + \theta \sum_{1}^{n} w_{ij}X_{it} + e_i + \gamma_t + \varepsilon_{it} \qquad (6-10)$$

其中，H_{it} 表示各地区人均商业健康保险支出水平；w_{ij} 表示空间地理权重矩阵的元素；X_{it} 涵盖增值税/营业税的核心解释变量，以及人均可支配收入、产业结构、城镇化、老年抚养比、环境污染、死亡率、医疗诊疗次数、财政分权指标等控制变量；c_i 表示 i 地区个体效应；v_{it} 代表误差项；ρ 为地区间商业健康保险支出的反应系数；当 $\rho > 0$ 时，地区间的商业健康保险支出存在攀比效应即竞争关系，当 $\rho < 0$ 时，地区间的商业健康保险支出存在溢出效应即替代关系，当 $\rho = 0$ 时，地区间的商业健康保险支出不存在空间相关关系。其中当 $\theta > 0$ 时，各地区的解释变量之间存在正的空间相关性；当 $\theta < 0$ 时，各地区的解释变量之间存在负的空间相关性；当 $\theta = 0$ 时，各地区解释变量之间不存在空间相关性。

由于 $\partial H_i / \partial X_{ir} = S_r \, (W)_{ii}$ 表示直接效应，即空间经济单位的解释变量对于商业健康保险支出的影响；$\partial H_i / \partial X_{jr} = S_r \, (W)_{ij}$ 表示间接效应，即其他空间经济单位的解释变量对该空间单位的商业健康保险支出的影响，直接效应与间接效应之和为总效应。因此，对空间滞后模型或者空间杜宾模型的直接效应、间接效应和总效应进行汇报。

考虑变量的空间相关性，促使传统经典线性回归要求的独立同分布的假说不再成立，因此普通最小二乘估计在这种情况下不再适用。采用较为广泛使用的极大似然估计对空间面板计量模型进行估计。接下来，进行空间面板计量模型的检验。

（三）估计结果

首先，如表 6 - 11 和表 6 - 12 所示，关于空间面板模型选择固定效应还是随机效应进行 Husman 检验，财政自由度和财政支出分权交互项两个模型中，Husaman 检验结果分别为 - 4.29 和 1，因此选择随机效应模型。在空间滞后模型、空间误差模型和空间杜宾模型中选择时，利用似然比检验（埃尔霍斯特，2015），结果表明空间杜宾模型是最佳选择。

从空间模型估计的结果来看，财政自由度模型（见表 6 - 11）与财政分权交互项模型（见表 6 - 12）估计的结果基本相同，因此就财政分权交互项模型估计结果进行分析。核心解释变量增值税/营业税指标与商业健康保险支出的直接效应显著为正，总效应显著为负，即本地的增值税/营业税的变动促进了

表6-11 财政自由度、增值税/营业税与商业健康保险

空间杜宾模型回归结果

变量	直接效应	间接效应	总效应
人均可支配收入	1. 201055 ***	3. 891033	5. 092088 *
	(0. 2104112)	(2. 484516)	(2. 630506)
产业结构	− 0. 1378625	0. 0760835	− 0. 0617789
	(0. 1116431)	(1. 376031)	(1. 450803)
人口密度	− 0. 0278764	− 0. 4112493	− 0. 4391257
	(0. 0198959)	(0. 3616957)	(0. 3747967)
城镇化	3. 383592 ***	24. 99524 *	28. 37884 *
	(0. 7840064)	(14. 9714)	(15. 49126)
老年抚养比	0. 585288	− 41. 50262 *	− 40. 91733 *
	(1. 385761)	(23. 96499)	(24. 89208)
环境污染	0. 0027858	− 1. 561144	− 1. 558358
	(0. 0786271)	(1. 193784)	(1. 224162)
死亡率	13. 36852 **	174. 5608 *	187. 9293 **
	(5. 396785)	(91. 33522)	(95. 37902)
医疗就诊次数	0. 1392375 ***	− 0. 7592165	− 0. 6199789
	(0. 0751122)	(0. 509493)	(0. 5103136)
增值税/营业税	0. 0635133 **	− 0. 3207666 *	− 0. 2572533
	(0. 030268)	(0. 1753599)	(0. 1774781)
财政自由度	− 1. 541481 ***	− 15. 60064 *	− 17. 14212 **
	(0. 4597098)	(8. 163487)	(8. 488018)
ρ	18. 58173 ***		
	(2. 976082)		
常数项	− 9. 404203 ***		
	(1. 794112)		
LR 检验 (SAR 对 SDM)	0. 0000		
LR 检验 (SEM 对 SDM)	0. 0003		
Log – likelihood	73. 4614		
Hausman 检验	− 4. 29		
R^2	0. 8102		

注: 括号内是标准差值; *** 、 ** 、 * 分别表示在1%、5%和10%水平上显著,利用空间地理距离权重矩阵回归。

表 6 - 12　财政支出分权交互项、增值税/营业税与商业健康

保险空间面板杜宾模型回归结果

变量	直接效应	间接效应	总效应
人均可支配收入	1. 119385 ***	1. 745034	2. 864419 *
	(0. 1836797)	(1. 509723)	(1. 612458)
产业结构	- 0. 0963724	0. 9552343	0. 858862
	(0. 1075707)	(1. 217516)	(1. 28581)
人口密度	- 0. 0289191	- 0. 3771633	- 0. 4060824
	(0. 01787)	(0. 2819893)	(0. 2917874)
城镇化	3. 450346 ***	28. 74996 **	32. 20031 ***
	(0. 7282536)	(11. 72709)	(12. 12292)
老年抚养比	1. 267294	- 27. 46818 *	- 26. 20089 *
	(1. 150075)	(14. 07175)	(14. 58184)
环境污染	0. 0109831	- 1. 015724	- 1. 004741
	(0. 0754846)	(0. 8702328)	(0. 890079)
死亡率	12. 64495 ***	141. 6902 **	154. 3352 ***
	(4. 424431)	(56. 45662)	(59. 05575)
医疗就诊次数	0. 1280744 *	- 0. 568645 *	- 0. 4405706
	(0. 0762163)	(0. 3039879)	(0. 2971039)
增值税/营业税	0. 067685 **	- 0. 2950912 **	- 0. 2274063 *
	(0. 0301718)	(0. 1221012)	(0. 1217071)
财政支出分权交互项	- 1. 507407 ***	- 16. 03569 ***	- 17. 5431 ***
	(0. 4436457)	(5. 984307)	(6. 226759)
ρ	15. 67141 ***		
	(3. 552748)		
常数项	- 9. 113432 ***		
	(1. 749893)		
LR 检验（SAR 对 SDM）	0. 0000		
LR 检验（SEM 对 SDM）	0. 0000		
Log - likelihood	75. 0997		
Hausman 检验	1. 0000		
R^2	0. 8132		

注：括号内是标准差值；*** 、** 、* 分别表示在 1% 、5% 和 10% 水平上显著，利用空间地理距离权重矩阵回归。

商业健康保险的发展，反映了各地区就"营改增"与中央政府展开了纵向竞争，努力培育有利于地区税收增长的产业，出于这种动机各地区会降低对居民医疗保险的关注，这样可以减少因居民医疗保险筹资过快，对商业健康保险发展产生的冲击；增值税/营业税指标与商业健康保险支出间接效应显著为负，即邻近地区的增值税/营业税的变动抑制了商业健康保险的发展，各地区与中央政府争夺税收收入，同时积极采取差异化的税收优惠政策，以吸引资本流入本地区，但同时会带动其他地区采取同样的策略，从而产生地方政府间的税收竞争。这样使各地区吸引资本的目的难以达到预期的效果，并且通过扩大税基增加财政收入的做法将受到阻碍，因此各地区由于税收优惠而产生的财政缺口难以弥补，从而强化了商业健康保险的补充作用。总效应显著为负，说明两种效应作用的结果是增值税/营业税的变动抑制了商业健康保险的发展。总体上看，"营改增"税收政策抑制了商业健康保险的发展，但是随着商业保险行业纳入"营改增"的范畴，该状况应该能有所改观。其他控制变量与之前估计的结果基本一致并且符合经济学意义，因此估计的结果是稳健的。

第四节　本章小结

本章重点研究在地方政府税收竞争的情况下，居民医疗保险筹资对商业健康保险的影响。一方面，地方政府间的税收竞争在降低地区实际税负的同时，会减少居民医疗保险筹资的财政收入，从而强化了商业健康保险的补充作用；另一方面，在城乡居民医疗保险的全面统筹和大病医疗保险的全面铺开等政策的导向下，地方政府会进行居民医疗保险筹资竞争，这样会倒逼地方政府进行税收竞争，从而加剧居民医疗保险的财政压力，尤其在当前财政收入增长放缓的宏观背景下。而地方政府间的居民医疗保险筹资竞争和地方政府间的税收竞争的共同存在，给商业健康保险带来的影响就变得复杂些，一方面，地方政府间的居民医疗保险筹资竞争对与居民医疗保险财政压力的影响是无可厚非的，可以强化商业健康保险的补充作用；但是，另一方面，地方政府居民医疗保险的快速增长，又容易挤占商业健康保险的发展空间。

首先，基于上述的分析思路，在地方政府税收竞争的框架下，对居民医疗保险筹资与商业健康保险的关系进行了经济学的剖析，当存在地方政府间的居民医疗保险筹资竞争，并且资本税收弹性大于各项消费与居民医疗保险的边际替代率与去掉税负的净边际替代率之比，即存在地方政府间的税收竞争时，商业健康保险会随着居民医疗保险筹资的增加而增加，商业健康保险的补充作用得以强化；反之，当存在地方政府间的居民医疗保险筹资竞争，并且资本税收弹性小于各项消费与居民医疗保险的边际替代率与去掉税负的净边际替代率之比，即不存在地方政府税收竞争时，商业健康保险会随着居民医疗保险筹资的提高而下降，商业健康保险的补充作用难以发挥。因此，当地方政府间的居民医疗保险筹资竞争与税收竞争并存的情况下，居民医疗保险筹资的适当提高会促进商业健康保险发展。

其次，通过对税收竞争下居民医疗保险筹资与商业健康保险支出的空间面板计量分析，结果表明，地方政府的居民医疗保险筹资竞争对商业健康保险支出产生两种效应：一方面，居民医疗保险筹资过快，会过多地挤占医疗资源，从而限制了商业健康保险发展的空间；另一方面，居民医疗保险筹资的提高会对居民医疗保险产生财政压力，从而促使商业健康保险的补充作用得以发挥。同时地方政府的税收竞争对商业健康保险的影响是通过居民医疗保险筹资体现出来的，一方面，地方政府的税收竞争在降低地区的实际税负的同时，会减少居民医疗保险筹资的财力，这方面在存在地方政府居民医疗筹资竞争的情况下，更能凸显商业健康保险在医疗保障筹资体系中的补充地位，并且在当前地方政府以财政支出竞争为主的情况下，会倒逼地方政府进行税收竞争，从而进一步加剧居民医疗保险的筹资压力，进而提高商业健康保险的补充地位；另一方面，地方政府间的税收竞争在减少居民医疗保险筹资财力的同时，由于各地区的财政资源禀赋的差异，可能会弱化地方政府居民医疗保险竞争的态势。总体来看，实证的结果表明，在考虑地方政府税收竞争的情况下，居民医疗保险筹资水平的增长给商业健康保险带来的挤入效应要大于挤出效应。

最后，考虑"营改增"政策的实施，地方政府间的税收竞争可能会出现新的形式，有必要评估"营改增"政策对商业健康保险支出的经济效应。选取湖北省、安徽省和福建省作为分析的地区，结果表明：首先，营业税原属于地方政府的独立税种，改成增值税后变为中央与地方共享税，这样就增加了地方政府与中央政府的博弈机会，导致试点地区在面对即将进行试点"营改增"时，会出现试点地区与中央政府的纵向竞争和地方政府间的横向竞争并存的局面；其次，"营改增"试点地区与中央政府的纵向竞争，可能表现在努力培育有利于营业税税收增长的产业，以获取政策实施前的最后收益，出于这种动机，试点地区会减少对居民医疗保险的关注，这样可以减小因居民医疗保险筹资过快对商业健康保险发展产生的冲击；最后，《中华人民共和国营业税暂行条例》的推行能够促使试点地区为了与中央政府争夺税收收入，积极采取差异化的税收优惠政策，以吸引资本流入本地区，但同时会带动其他地区采取同样的策略，从而产生地方政府间的税收竞争。这样使试点地区吸引资本的目的难以达到预期的效果，并且以扩大税基增加财政收入的做法将受到阻碍，因此试点地区由于税收优惠而产生的财政缺口弥补效果不佳，加之地方政府间的居民医疗保险筹资竞争容易倒逼地方政府间新一轮的税收竞争，这样更使税收优惠带来的居民医疗保险的财政压力得以凸显，从而强化了商业健康保险的补充作用。但是拟合效果显示"营改增"预期对商业健康保险正面影响甚微。在对增值税与营业税变动的实证分析中，进一步验证了上述两种效应的存在，总体上看，"营改增"税收政策抑制了商业健康保险的发展，但是随着商业保险行业纳入"营改增"的范畴，该现状应该能有所改观。

第七章　财政竞争下商业健康保险税收优惠的帕累托改进

2017 年 7 月 1 日开始，商业健康保险的税收优惠政策被正式列入《中华人民共和国税法》（以下简称《税法》）中，其中规定对个人购买商业健康保险的支出，可以在应纳所得税税额中税前扣除，扣除时间仅限于当年，扣除限额为 2400 元/年（200 元/月）。帕累托认为，任何一项资源分配的调整方案在不使一个人的处境变差时使另一个人的处境变得更好，那么这是资源配置重新调整的最佳状态。然而，现实中资源的重新配置往往达不到帕累托所说的最佳状态，只能实现经济收益和社会收益的增进的次优状态。任何税收政策的变动都能够促使经济收益和社会收益的再分配，但是税收政策的实施要掌握适度原则，过轻的税收政策带来的经济收益和社会收益可能赶不上它所产生的成本，而过重的税收政策可能会增加无谓损失即出现资源的浪费。① 对于商业健康保险的税收优惠政策，一方面，是在未购买商业健康保险的纳税人和购买商业健康保险的纳税人之间的税收再分配，需要考虑的是如何使它带来的经济和社会

---

① 西蒙·詹姆斯，克里斯托弗·诺布斯. 税收经济学 [M]. 北京：中国财政经济出版社，2002.

收益最大；另一方面，还要衡量该项税收政策的变动对经济和财政施加的压力，尤其在经济发展进入新常态和财政下行压力加大的情况下。结合以上两条原则，本章研究的重点是在考虑地方政府间的居民医疗保险筹资竞争的情况下，商业健康保险的最优财政补贴应该如何设定，以及该补贴能够对社会健康福利产生的影响。

第一节　财政竞争下商业健康保险
最优补贴理论框架

商业健康保险是医疗保障体系的补充者，同样能够影响地区的健康水平，因此商业健康保险与社会医疗保险的衔接是地区的综合健康水平的体现。不妨假设地方政府仅考虑地区的健康水平最大化，对于商业健康保险的税收优惠，要以地区的居民医疗保险与商业健康保险作为地方政府的决策目标，如果地方政府对商业健康保险的偏好是 π，对居民医疗保险的偏好是 $(1-\pi)$，那么地方政府的健康水平的效用函数是 $U(h_i, g_i) = \pi \ln h_i + (1-\pi) \ln g_i$，且政府的效用函数是 $U(\cdot)' > 0$，$U(\cdot)'' < 0$。

$$\max \pi \ln h_i + (1-\pi) \ln g_i \tag{7-1}$$

假设地区的生产函数包含地方政府的生产性支出和居民医疗保险筹资，即地区的生产函数涵盖了生产性投入和健康人力资本投入，那么生产函数可以表示为：

$$y = k^\alpha g_i^\beta g_j^\gamma \tag{7-2}$$

其中，α、β 和 γ 分别表示资本对产出的弹性，生产性支出对产出的弹性和居民医疗保险支出对产出的弹性。如果对商业健康保险的税收优惠相当于财政补贴 ω_i，并且地方政府对其他地区的居民医疗保险筹资存在预期，那么地方政府能够面临的资源约束可以表示为：

$$\dot{k} = y(t) - c(h_i(t)) - \omega_i h_i(t) - p_i(t) - g_i(t) - E(\delta g_j) \tag{7-3}$$

由式（7-1）、式（7-2）和式（7-3）构建汉密尔顿方程：

$$H = \pi \ln h_i + (1-\pi) \ln g_i + \lambda(y - \nu_i h_i - \omega_i h_i - p_i - g_i - E(\delta g_j)) \tag{7-4}$$

$$\frac{\partial H}{\partial h_i} = \frac{\pi}{h_i} - \lambda \frac{\partial c}{\partial h_i} - \lambda \omega_i = 0 \tag{7-5}$$

$$\frac{\partial H}{\partial h_i} = \frac{1-\pi}{g_i} - \lambda - \lambda \frac{\partial E(\delta g_j)}{\partial g_i} = 0 \tag{7-6}$$

由式（7-5）和式（7-6）可得包含财政竞争的商业健康保险最优补贴：

$$\omega_i^* = \frac{\left(1 + \frac{\partial E(\delta g_j)}{\partial g_i}\right) \pi g_i}{(1-\pi) h_i} - \frac{\partial c}{\partial h_i} \tag{7-7}$$

进一步，将式（7-7）转换为：

$$\omega_i^* = \frac{\left(1 + \frac{\partial E(\delta g_j)}{\partial g_i}\right) \pi g_i}{(1-\pi) h_i} - \frac{\partial c_i}{\partial y_i} \Big/ \frac{\partial h_i}{\partial y_i} \tag{7-8}$$

由式（7-8）可知商业健康保险在考虑财政竞争情况下的最优补贴 ω^*，会受到地方政府间的居民医疗保险筹资竞争、地方政府对商业健康保险偏好和居民医疗保险的偏好、地方政府居民医疗保险筹资规模、居民商业健康保险的支出规模、居民边际消费倾向与商业健康保险边际消费倾向之比等因素影响。式（7-8）表明地方政府间的居民医疗保险筹资竞争，能够提高商业健康保险的补贴比例；政府对商业健康保险的偏好的提升，有利于商业健康保险补贴比例的提高；居民医疗保险筹资与商业健康保险支出之比与商业健康保险最优比例正相关，说明居民医疗保险的筹资过快会增加居民医疗保险的财政压力，因此需要加大对商业健康保险的补贴力度，以加强商业健康保险的补充作用；家庭的边际消费倾向与商业健康边际消费倾向之比，说明商业健康保险补贴比例会随着收入阶层的不同而发生变化，家庭的边际消费倾向会随着收入的提高而降低，而家庭的商业健康保险边际消费倾向会随着收入的提高而提高，对于低收入人群来说边际消费倾向较高但商业健康保险的边际消费倾向较低，因此对该人群的补贴比例较低；对于高收入人群来说边际消费倾向较低而商业健康保险边际消费倾向较高，因此应该给予该人群较高的补贴比例；对于中等收入人群来说边际消费倾向和商业健康保险的边际消费倾向，相对于高低收入人群处于一个相对平衡的状态。所以上述所有商业健康保险最优补贴影响因素均符合经济学含义。接下来，将在动态一般均衡的框架下，考量财政竞争下商业健康保险最优补贴对家庭的商业健康保险消费意愿和居民医疗保险财政压力的影响。

第二节　商业健康保险最优补贴与一般均衡分析

一、动态随机一般均衡模型简介

动态一般均衡分析方法的特点从字面意思可以概括为动态、随机和一般均衡，该分析方法是现代宏观经济学分析的重要标志，是应卢卡斯批判和基于宏观经济模型的微观探讨而生的。在进行经济分析的过程中，很容易会遇到某个政策的变动或冲击对各部门经济行为的影响，由于各部门之间博弈的复杂性，给经济分析带来了诸多的挑战。面对分析的复杂性，经济学家想到是否可以借助物理化学等研究领域的实验思维，就经济冲击对复杂经济行为影响进行模拟，但是与物理化学等研究领域的实验不同，模拟经济冲击效果的最大阻碍是人的行为的变化莫测。因此，建立一个有别于物理化学等研究领域的经济实验，成为了经济学者一直以来的努力目标之一，而动态随机一般均衡的理论框架是标准经济模型和经济实验建立的基础（托雷斯，2015）。

拉姆齐是动态随机一般均衡理论框架的首位提出者，而动态随机一般均衡的分析框架发展到当前，已经成为经济学者普遍采用的分析方法之一。动态随机一般均衡的分析框架逻辑结构较为清晰，对于各部门经济行为能够较为真实地体现出来，模型的设计思路虽然看上去较为简单，但能够很好地反映财政政策的变动对经济行为的影响。动态随机一般均衡分析之所以能够成为现代宏观经济分析的典范，主要能够充分刻画现实情况。一般来说，动态随机一般均衡模型涉及的行为主体涵盖了家庭、企业和政府等，并通过对行为主体在经济环境或经济政策的变动下，共同做出的决策而产生的结果进行模拟和分析。在这个过程中，每个行为主体与其他的行为主体之间都存在着复杂的关系，由于关系的复杂性，行为主体之间会出现多变的经济博弈行为，动态随机一般均衡打破了一些强假设条件，使行为主体的经济行为效果得以重现。其中，时间因素也是动态随机一般均衡所考虑的问题，当经济受到冲击或受到政策影响时，并不能迅速恢复到均衡的发展路径上，并且随着时间的前进，受到冲击的经济可能表现出较为复杂的效果，因此时间是动态随机均衡分析过程中必须考虑的因素之一。

二、模型构建

为了考量财政竞争情况下的商业健康保险最优补贴，对家庭的福利和政府财政压力的影响，我们有必要将商业健康保险的最优补贴纳入动态随机一般均衡的框架下进行分析。

1. 家庭部门

首先考虑家庭对健康福利的决策，如果居民既要考虑商业健康保险消费带来的效用，又要考虑社会医疗保险带来的效用，不妨将家庭的商业健康保险消费函数设定为：$H_t = \pi_p h_t + \pi_s g_t$，此外，家庭还要考虑闲暇所带来的效用，所以家庭效用的最优决策可以表述为：

$$U(H_t, O_t) = \gamma \ln(\pi_p h_t + \pi_s g_t) + (1 - \gamma) \ln(1 - L_t) \qquad (7-9)$$

接下来，假设居民的预算收入来源于工资性收入 $W_t L_t$ 和资本性收入 $R_t K_t$，其中 W_t 为工资率，R_t 为资本收益率，K_t 为资本存量。如果政府对家庭的工资性收入 $W_t L_t$ 和资本性收入 $R_t K_t$ 征收个人所得税和资本所得税，征税比例分别为 τ_t^l 和 τ_t^k，家庭购买商业健康保险的补贴比例为 ω_t^*，并且假设家庭的可支配收入仅用于商业健康保险消费 h_t 和储蓄 s_t，那么家庭的预算收入约束可以表述为：

$$(1 - \omega_t^*) h_t + S_t \leq (1 - \tau_t^l) W_t L_t + (1 - \tau_t^k) R_t L_t \qquad (7-10)$$

如果资本存量一部分用于折旧，另一部分用于投资，并且储蓄 S_t 全部用于投资就有 $S_t = I_t$，则有：

$$K_{t+1} = (1 - \delta) K_t + S_t \qquad (7-11)$$

由式（7-9）、式（7-10）和式（7-11）可知家庭部门的最优化问题是：

$$\max \gamma \ln(\pi_p h_t + \pi_s g_t) + (1 - \gamma) \ln(1 - L_t) \qquad (7-12)$$

s. t. $(1 - \omega_t^*) h_t + K_{t+1} - (1 - \delta) K_t \leq (1 - \tau_t^l) W_t L_t + (1 - \tau_t^k) R_t L_t$

根据式（7-12）构建拉格朗日方程：

$$L = \sum_{t=0}^{\infty} \beta^t \left\{ \gamma \ln(\pi_p h_t + \pi_s g_t) + (1 - \gamma) \ln(1 - L_t) + \lambda_t \left[(1 - \tau_t^l) W_t L_t + (1 - \tau_t^k) R_t L_t - (1 - \omega_t^*) h_t - K_{t+1} + (1 - \delta) K_t \right] \right\} \qquad (7-13)$$

式（7-13）的一阶条件为：

$$\frac{\partial L}{\partial h_t} = \frac{\gamma}{\pi_p h_t + \pi_s g_t} - \lambda_t (1 - \eta_t^h) = 0 \tag{7-14}$$

$$\frac{\partial L}{\partial L_t} = \frac{-(1-\gamma)}{(1-L_t)} - \lambda_t (1 - \tau_t^l) W_t = 0 \tag{7-15}$$

$$\frac{\partial L}{\partial K_t} = \beta^t \lambda_t \left[(1 - \tau_t^k)(R_t - \delta) + 1 \right] - \lambda_{t-1} \beta^{t-1} = 0 \tag{7-16}$$

由式（7-14）可得影子价格：

$$\lambda_t = \frac{\gamma}{(h_t + \pi_p g_t)(1 - \eta_t^h)} \tag{7-17}$$

将式（7-17）代入式（7-15）可以得到均衡方程：

$$\frac{(1-\gamma)}{(1-L_t)} = \frac{\gamma(1-\tau_t^l)W_t}{(h_t + \pi_p g_t)(1 - \eta_t^h)} \tag{7-18}$$

将式（7-17）代入式（7-16）可以得到均衡方程：

$$\beta \frac{(1 - \eta_{t-1}^h)\left[\pi_p h_{t-1} + \pi_s g_{t-1}\right]}{(1 - \eta_t^h)\left[\pi_p h_t + \pi_s g_t\right]} \left[(1 - \tau_t^k)(R_t - \delta) + 1 \right] = 1 \tag{7-19}$$

2. 生产部门

对于企业来说追求利润最大化是首要目标，如果企业的生产要素包括资本 K_t、劳动 L_t 以及全要素生产率 A_t，将企业的生产技术设为规模报酬不变的柯布—道格拉斯函数（简称 C-D 函数），将生产产品的价格设为 1 即计量价格，因此企业的最优生产决策可以表述为：

$$\max \Pi_t = A_t K_t^{\alpha} L_t^{1-\alpha} - R_t K_t - W_t L_t \tag{7-20}$$

由式（7-20）可得一阶条件：

$$\frac{\partial \Pi_t}{\partial K_t} = R_t - \alpha A_t K_t^{\alpha-1} L_t^{1-\alpha} = 0 \tag{7-21}$$

$$\frac{\partial \Pi_t}{\partial K_t} = W_t - (1-\alpha) A_t K_t^{\alpha} L_t^{-\alpha} = 0 \tag{7-22}$$

3. 政府部门

对于政府部门来说，在我们这个框架里政府既要征收税款又要对商业健康保险进行补贴，同时对家庭提供居民医疗保险。假设政府部门采取平衡预算原则，政府用于居民医疗保险的收入完全来自税收与商业健康保险补贴的净收入，并将净收入全部用于居民医疗保险，那么居民医疗保险的财政预算约束可以表述为：

$$g_i = \tau_t^l W_t L_t + \tau_t^k (R_t - \delta) K_t - \omega_t^* h_t \tag{7-23}$$

第三节　商业健康保险最优补贴冲击的模拟分析

一、校准参数

对动态随机一般均衡进行数值模拟需要对相关参数进行校准，校准的方式通常有两种：一种是根据历史经验数据和相关文献的研究结论校准参数；另一种是利用贝叶斯估计历史经验数据获得参数值。在本节的参数数值校准中，同样采取两种校准方式：一种是根据历史经验数据获得参数值；另一种是由于部分参数需要通过空间计量模型估计出来，因此在本节先对已有研究得出的研究结论和历史经验数据进行阐述。

本节需要根据历史数据和经验数据能够获得的参数值，涵盖了生产部门资本弹性、资产折旧率、劳动供给时间占比、每单位劳动资本存量、生产部门支出、投资占比、技术冲击、个人所得税边际税率、资本所得税边际税率、商业健康保险平均支出倾向、家庭贴现率和家庭消费偏好等。对于生产部门资本弹性，已有研究参数值设定的区间在 0.3 ~ 0.5 之间，借鉴丁树成等（2017）的研究结果取中间值 0.4；对于资本折旧率已有研究参数值设定的区间在 0.02 ~ 0.03 之间，借鉴朱大鹏等（2017）的研究结果设定为 0.025；对劳动供给时间占比，按 8 小时工作时长设为 0.3；单位劳动资本存量根据 2016 年的资本形成总额和 14 ~ 64 岁年龄段的人口之比计算设定为 3；生产支出借鉴 Louis 和刘斌（2015）的研究结果设定为 1；根据近几年平均消费倾向的统计，表明居民的平均消费倾向维持在 0.72 左右，也就是说，居民的储蓄倾向为 0.18 左右，在前面分析的框架里假设所有储蓄都转化为投资，不妨将投资倾向设定为 0.18；对于个人所得税税率和企业所得税税率根据商业健康保险需求主要集中较高收入人群，并借鉴邓子基（2010）和张顺明（2011）的研究结果将个人所得税税率和企业所得税税率分别设定为 0.3 和 0.25；关于技术冲击，借鉴杨熠等（2013）对索洛剩余的估计设定为 0.61；对于家庭主观贴现率和消费偏好借鉴 Iacoviello（2005）和黄志刚（2011）的研究结果分别设定为 0.98 和 0.7。关于家庭的商业健康保险平均消费倾向和社会医疗平均消费倾向，根据 2016 年的人均商业健康保险支出和社会医疗保险人均筹资分别与人均可支配收入相除计算得出，校准参数汇总详见表 7 – 1。

表 7 – 1　商业健康保险最优补贴对社会医疗保险财政压力冲击的校准参数汇总

校准参数	参数含义	参数校准值
α	生产部门资本弹性	0.4
β	家庭贴现率	0.98
δ	资产折旧率	0.025
γ	家庭消费偏好	0.7
L	劳动供给时间占比	0.3
K	每单位劳动资本存量	3
Y	生产部门收益	1

校准参数	参数含义	参数校准值
I	投资倾向	0.18
W	工资率	$(1 - \alpha) * Y/L$
R	资本收益率	$\alpha * Y/L$
A	技术冲击	0.61
τ_t^l	个人所得税税率	0.3
τ_t^K	企业所得税税率	0.25
cp_i	商业健康保险平均消费倾向	0.0122
cg_i	居民医疗保险平均消费倾向	0.0247

　　其余的参数如不含财政竞争的商业健康保险的补贴、包含财政竞争的商业健康保险的补贴以及家庭对居民医疗保险的偏好，需要进行空间计量模型的估计以及相关参数的计算而得出，接下来对相关参数进行计量模型估计。

二、估计参数

（一）估计参数数据描述

　　由于估计参数所需要的数据变量较多，因此有必要将每个需要估计参数所使用的数据以及采用的估计方法进行一一罗列。通过对财政竞争情况下的商业健康保险的最优补贴的经济理论推导，得出了最优补贴比例 ω_i^* 涉及的参数有居民医疗保险筹资竞争对商业健康保险的冲击、政府对居民医疗保险和商业健康保险的偏好、政府的社会医疗保险筹资状况、家庭的商业健康保险支出情况，以及家庭边际消费倾向与商业健康保险边际消费倾向之比。

　　关于居民医疗保险筹资竞争对商业健康保险的冲击，表7-2为第四章的实证分析部分已经得出了结论，使用的数据涵盖了2011～2015年的居民医疗保险人均筹资、人均GDP、产业结构、人口密度、城镇化、老年抚养比、政府医疗卫生重视程度、住院实际支付比、住院率、参保率、财政支出分权交互项等指标，采用的方法是空间面板计量模型。

表7-2 财政支出分权交互项、居民医疗保险筹资与

商业健康保险的空间面板滞后模型估计结果

变量	直接效应	间接效应	总效应
人均医疗筹资	-0.1602226 **	-0.2429851 *	-0.4032077 **
	(0.0673057)	(0.1459854)	(0.2037256)
人均GDP	0.8295633 *	1.295602	2.125165
	(0.4468344)	(0.9500749)	(1.351685)
产业结构	-0.257018 **	-0.373331 **	-0.630349 **
	(0.1073571)	(0.1958971)	(0.2843283)
人口密度	-0.015943	-0.0251445	-0.0410875
	(0.0168296)	(0.0294532)	(0.0452732)
城镇化	3.480705 ***	4.882481 ***	8.363186 ***
	(1.188112)	(1.682994)	(2.5545)
老年抚养比	3.206263 ***	4.617325 **	7.823589 ***
	(1.037249)	(1.815541)	(2.557453)
政府医疗卫生重视程度	4.012506 **	5.79709 **	9.809595 ***
	(1.90267)	(2.844778)	(4.455343)
住院实际支付比	-0.5135648	-0.8111059	-1.324671
	(0.3649284)	(0.6565521)	(0.9949273)
住院率	2.088914 **	3.106664 *	5.195578 **
	(0.8603988)	(1.635984)	(2.357066)
参保率	-0.0103597	-0.0138386	-0.0241982
	(0.0329914)	(0.0564477)	(0.0884097)
财政支出分权交互项	-1.13074 ***	-1.685446 **	-2.816187 ***
	(0.3668209)	(0.8062577)	(1.093301)
ρ	18.10737 ***		
	(1.989188)		
Log-likelihood	146.1816		
Hausman 检验	-48.50		
R^2	0.0776		

注：***、**、*分别为在1%、5%和10%水平上显著；圆括弧内为标准差。

关于政府对居民医疗保险的偏好和商业健康保险的偏好，为了获得偏好弹性，对第四章的空间计量模型中所有变量取对数，这样一来会出现一个问题，人均变量取完对数后，容易出现回归的权重都强加在人口变量上，因此为了提高估计参数系数的准确性，在回归的过程中去掉了老年抚养比和城镇化等指标，并将人口密度变量换成了流动人口比例，该数据来源于 2012 ～ 2015 年《全国流动人口动态检测数据》且更能体现人们的"用脚投票"现象，最终涉及的变量有人均 GDP、产业结构、人口流动性、政府医疗卫生重视程度、住院实际支付比、住院率、参保率、财政支出分权交互项。在这里通过政府医疗卫生重视程度对商业健康保险的影响，来体现地方政府对商业健康保险的偏好程度。考虑到本地的商业健康保险也容易受到邻近地区政府对商业健康保险偏好的影响，因此采用的计量方法也是空间面板计量方法。回归结果如表 7 － 3 所示。

表 7 － 3　政府对商业健康保险偏好的空间滞后模型估计结果

变量	直接效应	间接效应	总效应
政府医疗卫生重视程度	0. 3064123 * （0. 1602862）	0. 4198033 * （0. 2356811）	0. 7262156 * （0. 3864417）
人均 GDP	0. 6149546 （0. 4118084）	0. 8897887 （0. 7228976）	1. 504743 （1. 113534）
产业结构	－ 0. 4345997 *** （0. 1475788）	－ 0. 5292018 * （0. 3013793）	－ 1. 035166 *** （0. 3472292）
人口流动性	－ 0. 0851035 （0. 0669632）	－ 0. 1244759 （0. 1087584）	－ 0. 2095794 （0. 1727686）
住院实际支付比	－ 0. 3403034 （0. 2456021）	－ 0. 4910795 （0. 388091）	－ 0. 8313829 （0. 6224754）
住院率	0. 4340303 *** （0. 0914716）	0. 6049341 *** （0. 1661203）	1. 038964 *** （0. 2224558）
参保率	－ 0. 0809961 （0. 0612921）	－ 0. 1133174 （0. 0895779）	－ 0. 1943135 （0. 1476376）

续表

变量	直接效应	间接效应	总效应
财政支出分权交互项	- 0.3758494 ** (0.1914182)	- 0.5292018 * (0.3013793)	- 0.9050512 * (0.4776557)
ρ	18.21727 *** (1.932926)		
Log – likelihood	122.0168		
Hausman 检验	0.0000		
R^2	0.0651		

注：由于 Husman 检验的结果拒绝采用随机效应的原假设，因此报告了固定效应回归结果。

关于家庭边际消费倾向通过对现有文献的梳理，研究表明城镇居民的边际消费倾向集中在 0.5 ~ 0.6 之间，农村居民边际消费倾向在 0.4 左右（王利娟，2012），考虑到商业健康保险面对的是有较高保障需求的人群，因此借鉴白凤娇（2015）对各地区城镇居民的边际消费倾向的估计集中在 0.58 左右，借鉴王利娟（2012）对农村居民的边际消费估算的结果为 0.4 左右，根据 2016 年城镇化率 57.35% 对城乡居民的边际消费倾向进行加权平均得出居民的边际消费倾向为 0.503[①]，这与杨阔等（2017）估算的结果比较接近；对于商业健康保险的边际消费倾向的估计，采用了人均可支配收入、产业结构调整、人口流动性、环境污染、死亡率、居民诊疗次数等指标，并且对所有变量取对数进行了空间面板计量模型的回归，结果如表 7 - 4 所示。

（二）估计参数值

第四章的实证部分结果表明，地方政府间的居民医疗保险筹资竞争给商业健康保险带来的负面影响为 0.24；关于家庭的商业健康保险平均支出和社会医疗平均支出，根据 2016 年的人均商业健康保险支出和居民医疗保险人均筹

---

① 城镇化率数据来源于 2017 年《中国统计年鉴》。

表7-4　商业健康保险边际消费倾向的空间滞后模型估计结果

变量	直接效应	间接效应	总效应
人均可支配收入	0.5632296 **	0.8256082	1.388838
	(0.2587625)	(0.673722)	(0.8867532)
人口流动性	0.0246994	0.0224521	0.0471515
	(0.0829006)	(0.1295754)	(0.2084246)
产业结构调整	-0.8702987 ***	-1.135895 ***	-2.006194 ***
	(0.1721529)	(0.3011634)	(0.2659684)
环境污染	0.120069	0.1616243	0.2816932
	(0.2298579)	(0.3452989)	(0.5624602)
死亡率	0.023237	0.0460464	0.0692834
	(0.2882951)	(0.4415992)	(0.7187241)
居民诊疗次数	-0.0615316	-0.112088	-0.1736195
	(0.2424592)	(0.3752452)	(0.6034521)
ρ	17.48421 ***		
	(2.452167)		
Log-likelihood	10.1291		
Hausman 检验	-13.42		
R^2	0.3400		

注：由于 Husman 检验的结果为负值无法判定采用哪种效应模型，因此报告了随机效应回归结果。

资情况整理得出分别为292元和590元；政府对商业健康保险的偏好经过估计为0.3，那么政府对居民医疗保险的偏好为0.7；家庭的商业健康保险的平均消费倾向经过经验数据的计算为0.503，家庭对商业健康保险的边际消费倾向估计值为0.563，因此二者之比为0.893；结合上述参数的估计值并利用式（7-9），可以计算出商业健康保险财政竞争下的最优补贴比例是0.18；同时假设家庭的商业健康保险和居民医疗保险的消费偏好与政府的商业健康保险和居民医疗保险消费偏好一致，因此家庭的商业健康保险与居民医疗保险的偏好可以分别设定为0.3和0.7，详细数据汇总如表7-5所示。

表7-5　商业健康保险最优补贴对居民医疗保险财政压力冲击的估计参数汇总

估计参数	估计参数含义	估计值
$\partial E(\delta g_j)/\partial g_i$	居民医疗保险筹资竞争冲击	0.24
π	政府对商业健康保险的偏好	0.3
$1-\pi$	政府对居民医疗保险的偏好	0.7
h_i	商业健康保险平均支出	292元（2016年）
g_i	居民医疗保险平均筹资	590元（2016年）
ν_i	消费边际倾向与商业健康保险边际消费倾向之比	0.893
π_s	家庭对居民医疗保险的偏好	0.7
π_p	家庭对商业健康保险的偏好	0.3
ω_i^*	财政竞争补贴比例	0.18

　　依据现行《税法》中的规定，如果个人购买商业健康保险支出税前最高可以扣除2400元每年或200元每月计算的话，考虑了地方政府间的社会医疗保险筹资竞争状况下的商业健康保险支出的补贴额度，应该是2400元×0.18＝432元/年或36元/月。根据朱铭来等（2016）的研究，当前商业健康保险购买意愿较高人群的收入集中在月收入在3000～5000元和5000～8000元两个收入档，依据每月200元的商业健康保险支出的税前扣除，这两个收入档的免税额度分别为6元和20元，相当于补贴比例为0.03和0.1，这与考虑地方政府间的居民筹资竞争下的商业健康保险的税收补贴额度和补贴比例差距较大，因此将地方政府社会医疗保险筹资竞争考虑到商业健康保险的税收优惠政策中是有必要的。接下来，在考虑当前商业健康保险税收优惠政策下，如果加大商业健康保险的补贴，对商业健康保险和居民医疗保险产生冲击进行模拟分析。

三、模型脉冲响应分析

　　动态一般均衡分析，通常在对所有均衡方程所需的参数进行校准和估计过后，通过一些软件将考虑的冲击条件产生的效果模拟出来，本节使用的软件是 Matlab 软件下的专门用于动态一般均衡分析的 Dynare 程序包进行的模拟，该程序包需对所需的内生变量、外生变量以及参数进行设定。因此在模拟的过程中，将生产产出、家庭的商业健康保险平均消费倾向、家庭的居民医疗保险平均消费倾向、投资、资本存量、劳动时间占比、资本收益、工资率以及技术冲击等设为内生变量；将劳动所得税税率、资本所得税税率以及商业健康保险的补贴率设为外生变量；将生产部门资本弹性、家庭贴现率、家庭消费偏好、资产折旧率等设为参数。将整个模拟的周期设定为 20，发生冲击的时间点为 5。同时还考虑了在 3000～5000 元和 5000～8000 元两个收入档当前税收减免补贴，分别将初始的补贴比例设为 0.03 和 0.1（见图 7 – 1 和图 7 – 3）。

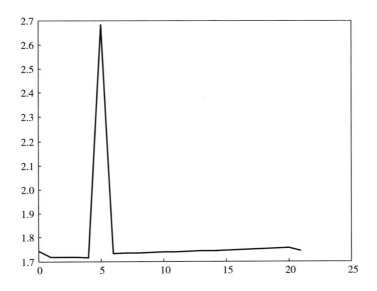

图 7 – 1　财政竞争补贴对商业健康保险的冲击（税率为 0.03）

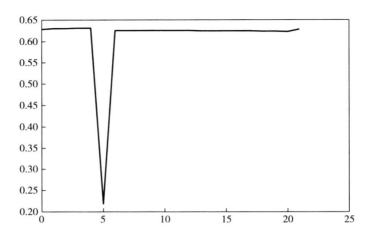

图 7 - 2　财政竞争补贴对居民医疗保险的冲击（税率为 0.03）

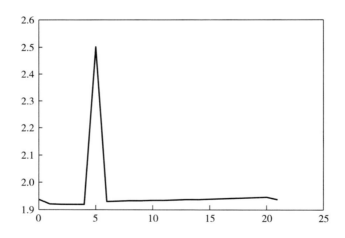

图 7 - 3　财政竞争补贴对商业健康保险的冲击（税率为 0.1）

　　通过居民医疗保险筹资竞争下，商业健康保险的最优补贴分别对居民的商业健康保险的平均消费倾向和居民的居民医疗保险的平均消费倾向的冲击测试，结果表明：

一方面，在商业健康保险补贴的冲击下，居民的商业健康保险的平均消费倾向在直线上升，而居民的居民医疗保险平均消费倾向在迅速下降，这说明在财政竞争下，商业健康保险的补贴能够有效提高居民的商业健康保险的购买意愿，并且降低居民对居民医疗保险的需求倾向。从居民医疗保险的财政压力来说，在居民医疗保险筹资竞争下，商业健康保险的补贴对居民医疗保险财政压力的冲击较大，模拟的效果表明在考虑居民医疗保险筹资竞争的商业健康保险最优补贴时，初期税收减免比例为 0.03 的居民医疗保险的平均消费倾向，由均衡路径的 0.63% 下降到 0.2%，下降幅度为 0.43%，而居民的商业健康保险的平均消费倾向，由均衡路径的 1.75% 上升到 2.7%，上升幅度为 0.95%；初期的税收减免比例为 0.1 时，居民医疗保险的平均消费倾向由均衡路径的 0.51% 下降到 0.25%，下降幅度为 0.26%，而居民的商业健康保险的平均消费倾向由均衡路径的 1.95% 上升到 2.5%，上升幅度为 0.55%，这说明同等数额的财政支出用于商业健康保险的补贴而没用于居民医疗保险的筹资，带来的商业健康保险的收入效应要大于对居民医疗保险的替代效应（见图 7-2 和图 7-4）。

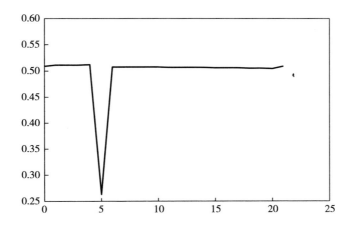

图 7-4　财政竞争补贴对居民医疗保险的冲击（税率为 0.1）

另一方面，通过模拟的效果可以看出，当商业健康保险支出初期免税比例为 0.03 时，居民对商业健康保险的平均消费倾向是 1.75%，居民医疗保险的平均消费倾向是 0.63%，居民医疗保险平均消费倾向与商业健康保险的平均消费倾向之比是 1∶2.7；当商业健康保险支出初期免税比例为 0.01 时，居民对商业健康保险的平均消费倾向是 1.95%，而居民对社会医疗保险的平均消费倾向是 0.51%，居民医疗保险平均消费倾向与商业健康保险的平均消费倾向之比是 1∶3.82。也就是说，在不加大商业健康保险的补贴力度的情况下，即使政府对居民医疗保险的偏好较大，但是随着经济的发展，人们收入水平的提高以及人们对更高保障需求的提高，只有 3000～5000 元收入人群的居民医疗保险消费与商业健康保险的消费之比在 1∶2.7 的水平，5000～8000 元收入人群的居民医疗保险消费与商业健康保险的消费之比在 1∶3.82 的水平，才能维持未来整个居民医疗保障体系的平衡运行。在加大补贴比例之后，3000～5000 元收入人群的居民医疗保险消费与商业健康保险的消费之比在 1∶13.5 的水平，而 5000～8000 元收入人群的居民医疗保险消费与商业健康保险的消费之比在 1∶10 的水平，因此加大对商业健康保险补贴可以进一步发挥商业健康保险的补充作用。

第四节　本章小结

　　本章重点研究当前的商业健康保险税收优惠政策，考虑了地方政府间的居民医疗保险筹资竞争下的补贴情况，以及该补贴的实施对社会健康福利的影响。

首先，在考虑地方政府间的居民医疗保险筹资竞争的情况下，基于政府的健康效用主要来源于商业健康保险和居民医疗保险，建立政府的健康效用函数，将动态的经济资源约束作为政府的预算约束条件，通过构建汉密尔顿方程推导出在考虑了地方政府间的居民医疗保险筹资竞争的情况下，商业健康保险的最优补贴比例，结果表明，地方政府间的居民医疗保险竞争能够提高商业健康保险的补贴比例；政府对商业健康保险的偏好的提升有利于商业健康保险补贴比例的提高；居民医疗保险筹资与商业健康保险支出之比与商业健康保险最优比例正相关，说明居民医疗保险的过快筹资会增加居民医疗保险的财政压力，因此需要加大对商业健康保险的补贴力度，以加强商业健康保险的补充作用；家庭的边际消费倾向与商业健康边际消费倾向之比，说明商业健康保险补贴比例会随着收入阶层的不同而发生变化。

其次，将考虑了地方政府间的居民医疗保险筹资竞争的商业健康保险最优补贴纳入动态随机一般均衡分析的框架下，根据家庭、企业和政府三个部门的经济行为特征，考虑到最优补贴产生后各部门的经济行为的变化，推导出均衡方程，这样就较为系统地刻画了最优补贴的冲击对各个部门经济均衡路径的影响。

最后，经过相关参数的校准和估计，对居民医疗保险筹资竞争下的商业健康保险最优补贴比例进行测算，并结合当前的商业健康保险的免税比例，模拟商业健康保险补贴比例的变化，对居民商业健康保险平均消费倾向和居民医疗保险的平均消费倾向的冲击。结果表明，在商业健康保险补贴的冲击下，居民的商业健康保险的平均消费倾向在直线上升，而居民医疗保险平均消费倾向在迅速下降，这说明居民医疗保险筹资竞争下，商业健康保险的补贴能够有效提高居民的商业健康保险的购买意愿，并且降低居民对社会医疗保险的需求倾向。在不加大商业健康保险的补贴力度的情况下，即使政府对居民医疗保险的偏好较高，但是随着经济的发展，人们收入水平的提高以及人们对更高保障需求的提高，只有 3000～5000 元收入人群的居民医疗保险消费与商业健康保险消费之比在 1∶2.7 的水平，而 5000～8000 元收入人群的居民医疗保险消费与商业健康保险消费之比在 1∶3.82 的水平，才能维持未来整个居民医疗保障体系的运行。在加大补贴比例之后，3000～5000 元收入人群的居民医疗保险消费与商业健康保险消费之比在 1∶13.5 的水平，而 5000～8000 元收入人群的居民医疗保险消费与商业健康保险消费之比在 1∶10 的水平，因此加大对商业健康保险补贴，可以进一步凸显商业健康保险的补充作用。

第八章　政策建议与展望

　　通过在地方政府财政竞争视角下，居民医疗保险筹资对商业健康保险发展的影响的探讨。本书得出了地方政府间居民医疗保险筹资竞争引起的各地区居民医疗保险筹资过快，会在一定程度上挤出商业健康保险发展的空间。而当地方政府间的居民医疗保险筹资竞争与税收竞争共同存在时，一方面，地方政府间的税收竞争在降低地区的实际税负的同时，会减少居民医疗保险筹资的财力，更能凸显商业健康保险在医疗保障体系中的补充地位，并且在当前地方政府以财政支出竞争为主的情况下，会倒逼地方政府进行税收竞争，从而进一步加大居民医疗保险的筹资压力，进而提高了商业健康保险的补充地位；另一方面，地方政府间的税收竞争在减少居民医疗保险筹资财力的同时，由于各地区的财政资源禀赋的差异，可能会弱化地方政府间居民医疗保险竞争的态势。总体来看，在考虑地方政府税收竞争的情况下，居民医疗保险筹资水平的增长给商业健康保险带来的挤入效应要大于挤出效应。但是，城乡居民统筹和"营改增"等财税政策的实施，会在一定程度上加大地方政府间的财政竞争对商业健康保险的挤出效应。考虑到居民医疗保险筹资竞争的影响因素，商业健康保险补贴能够提高社会健康福利的整体状况，综合以上分析的结论，本书提出了政策建议。

第一节　城乡居民基本医疗保险与商业健康保险有效衔接的建议

第一，合理划分商业健康保险和城乡居民医疗保险的边界。我们认为，在当前的财政分权体制下，商业健康保险在不同财政分权程度的地区与城乡居民医疗保险的衔接模式要有所区分，扮演的角色也要有所不同。对于财政分权程度较低的地区，商业健康保险与城乡居民医疗保险应该选择再保险对接模式即将个人缴费部分按一定比例购买大额补充医疗保险，其中商业健康保险机构是社会保险机构的分保人或再保险人。对于财政分权程度较高的地区，商业健康保险与城乡居民医疗保险应该选择共同保险的对接模式即从统筹账户中提取一定的金额购买大额补充医疗保险，其中商业健康保险机构与社会保险机构是共同承保人。

第二，建立地区间居民医疗保险的协同合作机制。通过分析得知地方政府间出现了居民医疗保险筹资竞争的现象，适度的地方政府间的居民医疗保险筹资竞争，可以提高各地区的医疗保险社会福利水平，然而过度的地方政府间的居民医疗保险筹资竞争不但会极大地浪费医疗资源，还会抑制商业健康保险的发展，不利于居民医疗保险与商业健康保险的有效衔接，因此需要整合地区间的居民医疗保险资源，建立地区间居民医疗保险的协同与合作机制，以避免医疗资源的重复建设造成的不必要浪费。

第三，对于中央政府来说，首先要规范当前的财政分权体制，使地方政府居民医疗保险的财权和事权相统一，在一定程度上为商业保险机构经办的顺利进行助力。其次，对于财政分权度较低的地区，应该将商业健康保险购买项目纳入专项转移支付计划中，或将转移支付用于其他支出项目；对于财政分权度较高的地区，中央政府应该利用一般转移支付手段，强化对这些地区商业健康保险机构经办工作的监督。最后，敦促地方政府建立与本地区经济发展相同步的居民医疗保险筹资机制，通过利用商业健康保险机构的专业化和精算化，促使各地区的医疗卫生资源定价趋于合理。

第二节　建立商业健康保险的动态监管和补贴调整机制的建议

第一，加强对商业保险经办机构的监管。一方面，城乡居民基本医疗保险和大病医疗保险经办在全面铺开之初，制度的广覆盖会对参与经办的商业保险机构产生规模效应，但是商业保险经办机构要在企业利润和社会效益两者之间寻找平衡点，经办效率是否得以体现需要一个漫长的过程，因此有必要建立商业保险机构经办效率的中长期考核机制；另一方面，国家为了深化财税体制改革和尽快建立现代财政制度，在财政管理上引入财政中期规划即跨年度财政收支计划①，这就要求基本医疗保险基金要结合地方政府财政中期规划进行中期收支精算②。因此对于商业保险经办机构来说，针对基本医疗保险基金政策的中期收支精算规划，应该建立商业保险经办城乡居民基本

---

① 资料来源于国务院发布的《实行中期财政规划管理的意见》。

② 资料来源于财政部、人力资源社会保障部和国家卫生计生委于 2017 年 2 月联合发布的《关于加强基本医疗保险基金预算管理发挥医疗保险基金控费作用的意见》。

医疗保险和大病医疗保险的中期财务核算和审计制度。

第二，建立商业健康保险补贴的动态调整机制。通过分析可知，地方政府间的居民医疗保险筹资竞争与税收竞争，都会给商业健康保险带来不同程度的外部性影响，因此应该将财政竞争的冲击考虑在商业健康保险补贴政策的制定中。同时财税政策的变动对于地方政府间的居民医疗保险筹资竞争和税收竞争影响较大，同样将财税政策的变动考虑到商业健康保险补贴的测算中。

第三节　基于个人所得税起征点和专项抵扣的展望

《2018年国务院政府工作报告》中提出"提高个人所得税起征点，增加子女教育、大病医疗等专项费用扣除……"，这意味着未来个人所得税的改革不是只考虑提高起征点的问题，而是采取提高起征点和专项抵扣组合的形式，这样能够更好地给老百姓减负。针对大病医疗专项费用抵扣，给予以下建议：

第一，城乡居民大病医疗保险是由商业保险机构经办的，为了降低政策变动成本，关于大病医疗专项抵扣方案可以参照商业健康保险补贴的模式进行设计，同时考虑财政的可持续性和给个人带来的福利效应。从技术层面来说，根据之前商业健康保险补贴的推导逻辑，认为首先应该测算出患大病人群的边际消费倾向和大病的边际支出倾向，同时要考虑个人所得税起征点的提高对二者的影响。其次要将患大病家庭对其他存在血缘和地缘关系家庭产生的外部性考虑在内，因为患有大病可能导致患病家庭债台高筑，从而影响其他与之相关家庭的福利。最后应该将患大病家庭的商业健康保险支出与大病支出的最优比例计算出来，并且考察大病医疗专项费用扣除比例对财政和家庭福利的冲击。

第二，当前城镇职工的个人账户沉淀基金较高，因为职工的个人账户只能用于门诊医疗费用支出并且名义上属于职工的私人产权，这就导致个人账户的运行效率低下和共济性较差。针对个人账户大量的沉淀基金，各地区也在探索其消化途径。目前根据各地的经验来看，主要途径有拓宽个人账户的使用范围、建立家庭共享账户和购买补充形式的商业保险。实际上，个人账户的运行效率存在一定空间集聚特征，因此对于医疗个人账户的改革就不能全国"一刀切"，对于基金结余较少的地区应该采取门诊统筹，而对于基金结余较多的地区应该采取购买商业健康保险和建立家庭账户的组合形式（朱铭来等，2018）。个人账户基金结余较多的地区呈现出了职工的年轻化和周期性迁移的特征，一方面对于青年职工来说健康状况相对较好但是一旦患大病就会因病致贫，另一方面职工只是在当地工作而不能扎根，这为当地医疗个人账户的结余做出了巨大的贡献。因此，建议结余较多的地区的城镇职工的医疗个人账户应该购买大病医疗保险，对于其中可能发生的大病医疗费用专项抵扣的方案设计，应该考虑各个收入阶层城镇职工的边际消费倾向和城镇职工患大病的概率，同时对于建立家庭账户和购买商业健康保险组合的地区还应该考虑家庭成员患大病的概率。

第三，除了技术方面的设计，大病医疗的专项扣除需要相关法律的约束。一方面，大病医疗的专项扣除牵扯到个人所得税的税改问题，应该在《税法》中加以规定和规范；另一方面，大病医疗的专项扣除涉及财政给予补贴，因此也应该在《中华人民共和国预算法》中体现相关内容。

参考文献

［1］奥尔森．权力与繁荣［M］．上海：上海人民出版社，2005.

［2］白凤娇．我国城镇居民可变边际消费倾向的估算［J］．统计与决策，2015（6）：20－22.

［3］曹荣湘，吴欣望．蒂布特模型［M］．北京：社会科学文献出版社，2004.

［4］陈静姝．商业健康保险对社会医疗保险的补充作用探究［J］．经济研究导刊，2016（30）：38－39.

［5］邓宏．整合社会医疗保险与商业健康保险资源［J］．医药世界，2006（6）：40－41.

［6］邓明．财政支出、支出竞争与中国地区经济增长效应［J］．财贸经济，2013（10）：27－36.

［7］邓子基，唐文倩．我国地方政府间横向竞争策略：基于省际面板数据的经验分析［J］．税务研究，2012（4）：34－38.

［8］刁伟涛．我国省级地方政府间举债竞争的空间关联性研究［J］．当代财经，2016（10）：36－45.

［9］丁树成，曹鲁峰，连飞．资本账户开放、跨境资本流动与宏观审慎管理——基于动态随机一般均衡分析［J］．金融发展评论，2017（6）：120－129.

［10］豆朝阳，汪洋．社会健康保险与商业健康保险的协同关系分析［J］．中国商界，2009（3）：52－54.

［11］杜妍冬，刘一伟．中国省级政府间社会保障财政支出的空间竞争——基于2004—2013年省级面板数据［J］．华东理工大学学报（社会科学版），2016，31（3）：115－123.

［12］冯兴元．地方政府竞争理论范式、分析框架与实证研究［M］．南京：译林出版社，2010.

［13］付文林．省际间财政竞争现状、经济效应与规制设计［J］．统计研究，2005（11）：50－54.

［14］傅勇，张晏．中国式分权与财政支出结构偏向：为增长而竞争的代价［J］．管理世界，2007（3）：4－11.

［15］高培勇．中国财税体制发展道路［M］．北京：经济管理出版社，2013.

［16］龚辉．中国现阶段地方政府间财政竞争问题研究［M］．北京：经济科学出版社，2017.

［17］龚辉．中国现阶段地方政府间财政竞争问题研究［M］．北京：经济科学出版社，2017.

［18］官永彬．财政分权体制下的区域民生类公共服务差距研究［M］．北京：中国社会科学出版社，2016.

［19］郭杰，李涛．中国地方政府间税收竞争研究——基于中国省级面板数据的经验证据［J］．管理世界，2009（11）：54－63.

［20］郭矜，杨志安，龚辉. 我国地方政府间税收竞争的负效应及对策分析［J］. 税务研究，2016（7）：103－106.

［21］郭庆旺，贾俊雪. 地方政府间策略互动行为、财政支出竞争与地区经济增长［J］. 管理世界，2009（10）：17－26.

［22］郭庆旺，吕冰洋. 中国分税制问题与改革［M］. 北京：中国人民大学出版社，2014.

［23］何塞·路易斯·托雷斯. 动态宏观经济学一般均衡模型入门［M］. 北京：中国金融出版社，2015.

［24］何塞·路易斯·托雷斯. 动态宏观经济学一般均衡模型入门［M］. 北京：中国金融出版社，2015.

［25］胡怡建，田志伟. "营改增"财政经济效应研究［M］. 北京：中国税务出版社，2014.

［26］华莱士·E. 奥茨. 财政联邦主义［M］. 南京：译林出版社，2012.

［27］黄宸，李玲. 省域内县政府间中职教育财政支出的相互影响研究［J］. 教育与经济，2017（1）：34－39.

［28］黄志刚. 货币政策与贸易不平衡的调整［J］. 经济研究，2011（3）：32－47.

［29］贾俊雪，郭庆旺，高立. 中央财政转移支付、激励效应与地区间财政支出竞争［J］. 财贸经济，2010（11）：52－57.

［30］解垩，王晓峰. 财政的相互作用：空间面板数据模型分析［J］. 山东经济，2009（3）：102－107.

［31］冷毅，杨琦. 财政竞争对地方政府财政支出结构的影响研究——基于民生和发展的权衡［J］. 江西财经大学学报，2014（4）：30－37.

［32］李涛，黄纯纯，周业安．税收、税收竞争与中国经济增长［J］．世界经济，2011（4）：22-41.

［33］李涛，周业安．中国地方政府间支出竞争研究——基于中国省级面板数据的经验数据［J］．管理世界，2009（2）：12-21.

［34］李文群．和谐社会、医疗改革和商业健康保险制度创新［J］．经济研究导刊，2009（18）：84-85.

［35］李永友．转移支付与地方政府间财政竞争［J］．中国社会科学，2015（10）：115-133.

［36］刘清杰，任德孝．中国地区间税收优惠、税收竞争及其空间效应［J］．云南财经大学学报，2018（2）：48-57.

［37］刘穷志，丁焕峰．税收竞争、资本外流与投资环境改善——经济增长与收入公平分配并行路径研究［J］．经济研究，2017（3）：61-73.

［38］刘小勇，丁焕峰．邻里竞争、财政分权与政府财政支出偏向研究——基于三层分权框架的角度［J］．当代财政，2015（7）：35-44.

［39］龙小宁，等．基于空间计量模型的中国县级政府间税收竞争的实证分析［J］．经济研究，2014（8）：41-53.

［40］J.保罗·埃尔霍斯特．空间计量经济学从横截面数据到空间面板［M］．北京：中国人民大学出版社，2015.

［41］吕炜．中国新一轮财税体制改革［M］．大连：东北财经大学出版社，2013.

［42］吕志勇，王霞．商业健康保险与社会医疗保险系统耦合协调发展研究［J］．保险研究，2013（9）：31-42.

［43］诺思．经济史中的结构与变迁［M］．上海：上海三联出版社、上海人民出版社，1994.

[44] 诺思. 经济史中的结构与变迁 [M]. 上海：上海三联出版社、上海人民出版社，1994.

[45] 潘明星. 政府间横向税收竞争的博弈及效应分析 [J]. 当代财经，2010 (7)：32 – 37.

[46] 彭浩然，郑倩昀，呙玉红. 中国社会医疗保险扩张会促进商业健康保险发展吗？ [J]. 金融研究，2017 (5)：97 – 110.

[47] 彭微. 中国地方政府税收竞争研究——基于企业异质性视角 [M]. 北京：经济科学出版社，2013.

[48] 浦龙. 税收竞争与公共支出结构——来自县级政府的视角 [J]. 中南财经政法大学学报，2017 (2)：50 – 58.

[49] 亓寿伟，王丽蓉. 横向税收竞争与政府公共支出 [J]. 税务研究，2013 (12)：74 – 76.

[50] 秦成逊，周惠仙. 我国区域税收竞争的发展趋势研究 [J]. 经济问题探索，2007 (10)：97 – 104.

[51] 青木昌彦. 奥野正宽. 经济体制的比较制度分析 [M]. 北京：中国发展出版社，1999.

[52] 邵全权，陈佳. 我国社会医疗保险和商业保险的竞争与合作——从医疗保障制度改革视角的研究 [J]. 上海经济研究，2009 (3)：11 – 19.

[53] 邵学峰，张在茂. 中国经济发展中的财政分权体制改革研究 [M]. 北京：社会科学文献出版社，2013.

[54] 沈坤荣，付文林. 税收竞争、地区博弈及其增长绩效 [J]. 经济研究，2006 (6)：16 – 25.

[55] 王凤荣，苗妙. 税收竞争、区域环境与资本跨区流动——基于企业异地并购视角的实证研究 [J]. 经济研究，2015 (2)：16 – 28.

［56］王华春，刘清杰．地方政府财政支出竞争与经济增长效应：基于策略互动视角［J］．广东财经大学学报，2016（1）：89－97.

［57］王丽娟．我国地方政府财政支出竞争的异质性研究——基于空间计量的实证分析［J］．财贸经济，2011（9）：11－18.

［58］王利娟．我国城乡居民消费结构实证分析——基于边际消费倾向视角［J］．商业经济研究，2016（14）：17－19.

［59］王娜，尚铁力．税收竞争格局、效应及对策分析：基于中国财政分权实践的研究［M］．北京：经济管理出版社，2017.

［60］王术华．财政压力、政府支出竞争与地方政府债务——基于空间计量模型的分析［J］．经济与管理评论，2017（5）：74－82.

［61］王小龙，方金金．财政“省直管县”改革与基层政府税收竞争［J］．经济研究，2015（11）：79－92.

［62］吴俊培，艾莹莹，龚旻．地方财政竞争无效率的实证分析［J］．财政研究，2017（7）：89－100.

［63］伍文中．财政支出竞争与省际基础设施建设趋同性研究［J］．经济经纬，2010（1）：123－127.

［64］谢贞发，范子英．中国式分税制、中央税收征管权集中与税收竞争［J］．经济研究，2015（4）：92－105.

［65］熊志国，阎波，锁凌燕．中国商业健康保险发展模式探索——兼论医疗保障体系发展的价值与取向［M］．北京：北京大学出版社，2012.

［66］杨阔，郭克莎．结构跃变带来的新变化：一个消费函数理论的新假说——“消费函数之谜”的破解［J］．经济学家，2017（10）：42－53.

［67］杨熠，林仁文，金洪飞．信贷市场扭曲与中国货币政策的有效性——引入非市场化因素的随机动态一般均衡分析［J］．金融研究，2013

（9）：1 – 14.

［68］尹恒，徐炎超．地级市地区基本建设公共支出的相互影响［J］．经济研究，2011（7）：55 – 64.

［69］詹姆斯·勒莎杰，R. 凯利·佩斯．空间计量经济导论［M］．北京：北京大学出版社，2014.

［70］张明顺，叶志强，李江峰．我国制造业企业所得税最优统一税率研究基于 CGE 技术分析［J］．系统工程理论与实践，2013（4）：841 – 852.

［71］张福进，罗振华，张铭洪．税收竞争与经济增长门槛假说——基于中国经验数据的分析［J］．当代财经，2014（6）：32 – 42.

［72］张恒龙，陈宪．财政竞争对地方政府公共支出结构的影响——以中国的招商引资竞争为例［J］．经济社会体制比较，2006（6）：57 – 69.

［73］张梁梁，杨俊，罗鉴益．财政分权视角下地方政府科技支出的标尺竞争——基于 265 个地级市的实证研究［J］．当代财经，2016（4）：29 – 38.

［74］张明顺，叶志强，李江峰．我国制造业企业所得税最优统一税率研究基于 CGE 技术分析［J］．系统工程理论与实践，2013（4）：841 – 852.

［75］张颖．商业健康保险与社会医疗保险制度的对接机制研究［M］．北京：中国社会科学出版社，2014.

［76］郑磊．财政分权、政府竞争与公共支出结构——政府教育支出比重的影响因素分析［J］．经济科学，2008（1）：28 – 39.

［77］钟晓敏．促进经济发展方式转变的地方财税体制改革研究［M］．北京：经济科学出版社，2016.

［78］钟晓敏．市场化改革中的地方财政竞争［J］．财经研究，2004（1）：21 – 29.

［79］周亚虹，宗庆庆，陈曦明．财政分权体制下地级市教育支出的标尺

竞争［J］．经济研究，2013（11）：127－139.

［80］周业安，李涛．地方政府竞争和经济增长——基于我国省级面板数据的空间计量经济学研究［M］．北京：中国人民大学出版社，2013.

［81］朱大鹏，陈鑫．房产价格、家庭财富再分配与货币政策有效性——基于动态随机一般均衡模型的分析［J］．南方金融，2017（5）：18－36.

［82］朱军．我国地方政府间财政支出竞争的动因分析［J］．中央财经大学学报，2007（8）：6－10.

［83］朱俊生．商业健康保险在医疗保障体系中的角色探讨［J］．保险研究，2010（5）：35－41.

［84］朱铭来，奎潮．论商业健康保险在新医疗保障体系中的地位［J］．保险研究，2009（1）：70－76.

［85］朱铭来，李涛．商业保险对居民刚性消费的影响——基于社会民生视角的实证研究［J］．保险研究，2017（1）：27－35.

［86］朱铭来，李涛，刘娅．城镇职工医疗个人账户运行效率研究［J］．保险研究，2018（3）：91－105.

［87］朱铭来，王美娇．税收优惠政策对商业健康险激励效应研究［J］．保险研究，2016（2）：47－58.

［88］朱铭来，于新亮．税收优惠对商业健康保险购买意愿影响研究［J］．保险研究，2015（2）：72－81.

［89］踪家峰．中国地方政府财政的实证研究——财政竞争、政治晋升与地方政府行为［M］．北京：经济管理出版社，2017.

［90］踪家峰，蔡伟贤．中国地方财政支出趋同研究［J］．财贸经济，2008（7）：41－45.

［91］Albert Breton. Competitive Governments An Economic Theory of Politics and Public Finance [M]. New York: Cambridge University Press, 1996.

[92] Augurzky B., Tauchmann H. Less Social Health Insunrance, More Private Supplementary Insurance? Empirical Evidence from Germany [J]. Journal of Policy Modeling, 2011 (33): 470 – 480.

[93] Baicker K. The Spillover Effects of State Spending [J]. Journal of Public Economics, 2005, 89 (2): 529 – 544.

[94] Blomqvist A., Johansson, P. O. Economics Efficiency and Mixed Public/Private Insurance [J]. Journal of Public Economics, 1997 (66): 505 – 516.

[95] Blumberg, Dubay and Norton. Did the Medicaid Expansions for Children Displace Private Insurance? An Analysis Using the SIPP [J]. Journal of Health Economics, 2000, 19 (1): 33 – 60.

[96] Brennan G., Buchanan J. The Power to Tax: Analytical Foundations of a Fiscal Constitution [M]. New York: Cambridge University Press, 1980.

[97] Breton A. Competitive Governments: An Economic Theory of Politics and Public Finance [M]. Cambridge: Cambridge University Press, 1996.

[98] Brock R., Caliendo M., Steiner V. Fiscal Competition and the Composition of Public Spending: Theory and Evidence [J]. Finanzarchiv Public Finance Analysis, 2007, 63 (2): 264 – 277.

[99] Caldeira E. Yardstick competition in a federation: Theory and evidence from China [J]. China Economic Review, 2012, 23 (4): 878? 897.

[100] Case A. C., Rosen H. S., JHR Jr. Budget Spillovers and Fiscal Policy Interdenpendence: Evidence from the States [J]. Journal of Public Economics, 1993, 52 (3): 285 – 307.

[101] Cassette A., Creel J., Farvaque E., Paty S. Governments under Influ-

ence: Country Interactions in Discretionary Fiscal Policy, 2013, 30 (1): 79 – 89.

[102] Dhillon A. , Wooders. M. and B. Zissimos. Tax Competition Reconsidered [J]. Journal of Public Economic Theory, 2007, 9 (3): 391 –423.

[103] Feldstein M. Rethinking social insurance [J]. The American Economic Review, 2005, 95 (1): 1 –24.

[104] Feldstein M. Rethinking Social Insurance [J]. The American Economic Review, 2005, 95 (1): 1 –24.

[105] Filigo D. N. , Kolpin V. W. , Reid W. E. Do States Play Welfare Games? [J]. Journal of Urban Economics, 1999, 46 (3): 437 –454.

[106] Gruber J. Health Insurance for Poor Women and Children in the U. S. : Lessons from the Past Decade [Z]. NBER Working Paper, 1996.

[107] Hamid Davoodi, Heng Zou. Fiscal Decentralization and Economic Growth: A Cross – Country Study [J]. Journal of Urban Economics, 1998 (43): 244 –257.

[108] Hayek, Friedrich A. The Use of Knowledge in Society [J]. American Economic Review, 1945, 35 (4): 519 –530.

[109] Johan Lundberg. Spatial Interaction Model of Spillovers from Locally Provided Public Services [J]. Regional Studies, 2006, 40 (6): 631 –644.

[110] Jonathan Gruber, Michael Lettau. How Elastic is the Firm's Demand for Health Insurance? [J]. Journal of Public Economics, 2004 (88): 1273 –1293.

[111] Jonathan Gruber. Tax Policy for Health Insurance [J]. Tax Policy & The Economy, 2005 (19): 39 –63.

[112] Keen M. , M. Marchand. Fiscal Competition and the Pattern of Public Spending [J]. Journal of Public Economics, 1997, 66 (1): 33 –53.

［113］Kenneth E. , Thorpe, Curtis S. Florence. Health Insurance among Children: The Role of Expanded Medicaid Coverage ［J］. Inquiry A Journal of Medical Care Organization Provision & Financing, 1998, 35 (4): 369 – 379.

［114］Lacoviello M. Financial Business Cycles ［J］. Review of Economic Dynamics, 2015, 18 (1): 140 – 163.

［115］Mark Stabile. Private Insurance Subsidies and Public Health Care Markets: Evidence from Canada ［J］. The Canadian Journal of Economics, 2001, 34 (4): 921 – 942.

［116］Mintz J. , Tulkens H. Commodity Tax Competition between Member States of a Federation: Equilibrium and Efficiency ［J］. Journal of Public Economics, 1986, 29 (2): 133 – 172.

［117］Musgrave R. A. The Thoery of Public Finance: A Study in Public Economy ［M］. New York: McGraw Hill, 1959.

［118］M. Feldstein. Rethinking Social Insurance ［J］. American Economic Review, 2005, 95 (1): 1 – 24.

［119］M. Lacoviello. Financial Business Cycles ［J］. Blackwell Publishing Ltd, 2015, 18 (1): 140 – 163.

［120］Normand C. , Weber A. Social health insurance: a guidebook for planning ［M］. Genava: World Health Organization, 1994.

［121］Oates W. E. Fiscal Federalism ［M］. New York: Harcourt Brace Jovanovich, 1972.

［122］Qian, Weingast B. Federalism as a Commitment to Preserving Market Incentives ［J］. Journal of Eco – nomic Perspectives, 1997, 11 (4): 83 – 92.

［123］Razin A. , E. Sadka. International Tax Competition and Gains from Tax

Harmonization [J] . Economic Letters, 1991, 37 (1): 1－22.

[124] Revelli F. On Spatial Public Finance Empirics [J] . International Tax and Public Finance, 2005, 12 (4): 475－492.

[125] Saavedra L. A. A Model of Welfare Competition with Evidence from AFDC [J] . Journal of Urban Economics, 2000, 47 (2): 248－279.

[126] Siebert H. , Koop J. Institutional Competition: A Concept for Europe [J] . Aussenwirtschaf, 1990, 45 (4): 439－462.

[127] Stiglitz J. E. Monopoly, Non－Linear Pricing and Imperfect Information: The Insurance Market [J] . Review of Economic Studies, 1977, 44 (3): 407－430.

[128] Tiebout Charles Mills. A Pure Theory of Local Expenditure [J] . Journal of Public Economy, 1956, 64 (5): 416－424.

[129] Tiebout Charles Mills. A Pure Theory of Local Expenditure [J] . Journal of Public Economy, 1956, 64 (5): 416－424.

[130] Timothy Besley, Anne Case. Incumbent Behavior: Vote－Seeking, Tax－Setting, and Yardstick Competition [J] . The American Economic Review, 1995, 85 (1): 25－45.

[131] Vincenzo Atella, Federico Belotti, Domenico Depalo, Andrea Piano Mortari. Measuring Spatial Effects in the Presence of Institutional Constraints: The Case of Italian Local Health Authority Expenditure [J] . Regional Science and Urban Economics, 2014 (49): 232－241.

[132] Weingast B. The Economic Role of Political Institutions: Market－Preserving Federalism and Economic Development [J] . Journal of Law, Economics & Organization, 1995, 11 (1): 1－31.

［133］ Wilson D. E. Nash Eruilibria in Models of Fiscal Competition ［J］. Journal of Public Economics, 1988, 35 (2): 229 – 240.

［134］ Wilson J. D. , Gordon R. H. Expenditure Competition ［J］. Journal of Public Economic Theory, 2003, 5 (2): 399 – 417.

［135］ Wilson J. D. Tax Competition with Interregional Differences in Factor Endowments ［J］. Regional Science and Urban Economics, 1991, 21 (3): 423 – 451.

［136］ Zodrow G. R. , Mieszkowski P. Pigou, Tiebout, Property Taxation, and the Underprovision of Local Public Goods ［J］. Journal of Urban Economic, 1986, 19 (3): 356 – 370.